"基于1+X证书制度下物流管理专业产教融合的人才培养机制研究",项目编号:BYK2032

安徽省质量工程项目:"快递实务"课程思政师范课程,项目编号:2020szsfkc0635

安徽省高职教育提质培优行动计划项目:高职教育课堂革命典型案例——基于"创新引领思政同向五元耦合模式"的快递混合教学改革与实践

"'基于创新引领五元耦合模式'的快递课程混合教学改革研究",项目编号:2021bzjyxm07

职业教育创新与课程多维构建研究

◎ 张谯宁　徐春雷　著

中国纺织出版社有限公司

内 容 提 要

本书属于职业教育方面的著作。本书由前言、新时期职业教育创新发展的背景、职业教育创新持续发展、职业教育创新人才培养课程、职业教育教师教育课程与教学、职业教育创新创业课程体系构建、产教融合视角下职业教育应用型课程构建、职业教育精品课程构建、结语组成，围绕当下职业教育发展的热点展开，与国家政策紧密结合，探索职业教育发展路径，促进职业教育在当代的发展。本书对从事职业教育研究者、高职院校教师有一定的参考价值。

图书在版编目（CIP）数据

职业教育创新与课程多维构建研究 / 张谯宁，徐春雷著． -- 北京 ：中国纺织出版社有限公司，2023.8
ISBN 978-7-5229-0196-1

Ⅰ．①职… Ⅱ．①张… ②徐… Ⅲ．①职业教育—课程建设—研究—中国 Ⅳ．① G719.2

中国版本图书馆 CIP 数据核字（2022）第 254514 号

责任编辑：赵晓红　　责任校对：王蕙莹　　责任印制：储志伟

中国纺织出版社有限公司出版发行
地址：北京市朝阳区百子湾东里 A407 号楼　邮政编码：100124
销售电话：010—67004422　传真：010—87155801
http://www.c-textilep.com
中国纺织出版社天猫旗舰店
官方微博 http://weibo.com/2119887771
天津千鹤文化传播有限公司印刷　各地新华书店经销
2023 年 8 月第 1 版第 1 次印刷
开本：710×1000　1/16　印张：12.75
字数：220 千字　定价：89.90 元

凡购本书，如有缺页、倒页、脱页，由本社图书营销中心调换

前 言

近期国家层面对职业教育领域动作频频,党的十九届五中全会审议通过了《中共中央关于制定国民经济和社会发展第十四个五年规划和二〇三五年远景目标的建议》的新部署、新要求,其中提出要"加大人力资本投入,增强职业技术教育适应性,深化职普融通、产教融合、校企合作,探索中国特色学徒制,大力培养技术技能人才",同时围绕"激发人才创新活力",强调"加强创新型、应用型、技能型人才培养,实施知识更新工程、技能提升行动,壮大高水平工程师和高技能人才队伍"。

另外,国家对于职业教育的推广和适用范围扩大持续进行跟进,具体政策如2020年5月15日,教育部办公厅印发的《关于加快推进独立学院转设工作的实施方案》,要求结合各地独立学院的办学实际情况,现就加快推进独立学院转设工作制定本方案;2021年6月7日,职业教育法修订草案首次提请全国人大常委会会议审议。草案提出职业教育与普通教育具有同等重要地位。

目前职业教育发展的前景困难多,主要表现在以下四个方面:首先,自全国高校扩招以来,高校应届毕业生人数激增,高校应届毕业生大量涌入互联网、金融等行业,实体经济劳动力承载出现疲态,学历"内卷"的现象凸显;其次,当前经济发展过程中,大量专业、高技术领域的岗位出现"一工难求"的现状,虽然大量的毕业生走上此类岗位,但是其能力与岗位的匹配度还存在较大的差距,这些岗位仍然需要具有核心技术能力的人才;再次,职业教育虽然培养社会需要的人才,但在培养中,由于没有很好地与市场对接,所以其专业性、技术性与市场需求存在偏差,正是由于当前的职业教育发展模式仍然没有较为清晰的信息沟通认知,所以相关的沟通制度仍未建立,在教学内容的设置上也没有实现与行业发展同频;最后,职业教育一直以来被认为是从事体力劳动的工人,这种观念偏见也影响着职业教育的发展,因此造成了其在现实中难以推动的现状。

所以，增强职业技术教育适应性就是将"教育为人民服务"的理念细化，强调职业教育的贴心化教育服务。当然职业教育适应性的增强并非一朝一夕就能完成的，还需要国家、企业、学校、学生、社会的多元主体的共同努力。对于国家来说，政府需要提供政策保障，还要优化职业教育资源，提升职业教育资源的丰富性。对于社会而言，要加大职业教育的正面宣传，对教育观、成才观、用人观等方面不断更新，营造出大力发展职业教育的氛围，支持职业教育事业的发展。对于学校而言，职业院校作为培养高质量、高技术人才的基地，需要从根本上改变职业教育模式，通过创新手段发展自身优势。国家鼓励特色办学，职业院校应当发挥自身的优势资源，促进职业教育的创新。

职业教育创新是在当代大环境下提出的，符合时代发展的趋势，职业教育需要创新持续发展，本书围绕职业教育创新及课程构建展开，上篇着重论述教育创新，下篇围绕课程构建论述，全书共七章。

第一章阐述了新时期职业教育创新发展相关背景，第二章阐述了职业教育创新持续发展，第三章阐述了职业教育创新人才培养的课程，第四章阐述了职业教育教师教育课程与教学，第五章阐述了职业教育创新创业课程体系构建，第六章阐述了产教融合视角下职业教育应用型课程构建，第七章阐述了职业教育精品课程构建。

由于作者水平有限，书中的论点和论述有不全面之处，还请各位读者批评指正。

作者
2021 年 8 月

目 录

上篇·教育创新

第一章 新时期职业教育创新发展相关背景 ⋯⋯⋯⋯⋯⋯⋯⋯⋯⋯⋯⋯ 003
　　第一节　知识经济促进职业教育的成果转化 ⋯⋯⋯⋯⋯⋯⋯⋯⋯⋯ 003
　　第二节　学习化社会与职业教育 ⋯⋯⋯⋯⋯⋯⋯⋯⋯⋯⋯⋯⋯⋯ 015
　　第三节　信息化促进职业教育创新 ⋯⋯⋯⋯⋯⋯⋯⋯⋯⋯⋯⋯⋯ 024

第二章 职业教育创新持续发展 ⋯⋯⋯⋯⋯⋯⋯⋯⋯⋯⋯⋯⋯⋯⋯⋯ 039
　　第一节　当代职业教育的特征及功能 ⋯⋯⋯⋯⋯⋯⋯⋯⋯⋯⋯⋯ 039
　　第二节　新时期职业教育改革与发展 ⋯⋯⋯⋯⋯⋯⋯⋯⋯⋯⋯⋯ 052
　　第三节　职业教育创新持续发展路径 ⋯⋯⋯⋯⋯⋯⋯⋯⋯⋯⋯⋯ 062

第三章 职业教育创新人才培养的课程 ⋯⋯⋯⋯⋯⋯⋯⋯⋯⋯⋯⋯⋯ 071
　　第一节　职业教育课程的价值 ⋯⋯⋯⋯⋯⋯⋯⋯⋯⋯⋯⋯⋯⋯⋯ 071
　　第二节　职业教育课程的思想及结构 ⋯⋯⋯⋯⋯⋯⋯⋯⋯⋯⋯⋯ 077
　　第三节　职业教育课程开发模式及课程构建 ⋯⋯⋯⋯⋯⋯⋯⋯⋯ 083

下篇·课程构建

第四章 职业教育教师教育课程与教学 ⋯⋯⋯⋯⋯⋯⋯⋯⋯⋯⋯⋯⋯ 097
　　第一节　教师教育改革与高职教师角色 ⋯⋯⋯⋯⋯⋯⋯⋯⋯⋯⋯ 097
　　第二节　高职教师教育与课程专业化创新 ⋯⋯⋯⋯⋯⋯⋯⋯⋯⋯ 109

第五章　职业教育创新创业课程体系构建 …… 117
第一节　创新创业教育课程体系概述 …… 117
第二节　高职创新创业实践课程构建 …… 129
第三节　高职创新创业线上线下课程构建 …… 135
第四节　创新创业教育课程体系运作的途径 …… 140

第六章　产教融合视角下职业教育应用型课程构建 …… 145
第一节　产教融合与应用型课程关系辨析 …… 145
第二节　职业教育应用型课程的目标及内容 …… 151
第三节　职业教育应用型课程开发与实施 …… 160

第七章　职业教育精品课程构建 …… 169
第一节　精品课程概述 …… 169
第二节　精品课程的建设、申报与评估 …… 171
第三节　精品共享课程建设 …… 176
第四节　精品在线开放课程建设 …… 181

参考文献 …… 191

【上篇·教育创新】

第一章　新时期职业教育创新发展相关背景

第一节　知识经济促进职业教育的成果转化

20世纪90年代以后，随着知识、技术、信息的不断发展，对经济以及社会发展产生了越来越大的影响。美国微软公司创始人比尔·盖茨（Bill Gates）依靠知识资本的力量，将业务拓展到全球，微软是人类经济发展史上的一大奇迹，微软的产生昭示着知识经济时代的来临。

与传统的经济增长模式相比，知识经济时代将知识作为新的经济增长动力，形成新的经济形态。以富翁为例，以往的财富积累主要靠家族的不断努力，通常需要几代人坚持不懈的努力，积累大量的资源，最终形成大量财富；而知识经济时代是通过知识引领经济与财富，知识型富翁通过掌握大量知识来获得财富，实现了财富自由。知识经济时代，对于不同的国家来说，无论是国家还是企业，只要掌握了知识，就掌握了发展的主动性，知识正在形成一股不可阻挡的潮流，渗透到社会的方方面面。以知识为代表的知识经济对教育领域的影响，是促使新的产业结构及新的人才观的树立，对职业教育来说，掌握了时代需要的核心知识，也就掌握了核心科技。

职业教育创新与课程多维构建研究

一、知识经济的相关概述

（一）知识经济的内涵

1. 概念起源

知识经济，其英文是"the knowledge economy"，是建立在知识的生产、分配、消费基础之上的经济，经济的发展与知识密切相关。"知识经济"一词产生于年度报告《1996年科学、技术和展望》一书中，在书中明确提到了知识经济，即以知识为依托的经济，知识经济与农业经济、工业经济相对应，知识经济促进社会的工业化、信息化、知识化，加快了社会现代化的发展。知识经济是一种新型的富有生命力的经济形态，其中，知识经济的主要部门是教育和研究开发部门，而高素质的人力资源是发展知识经济最重要的资源。

这里强调的以知识为基础，是突破了"以物质为基础"的经济发展，知识是无形的，但通过生产、分配、消费可以转化为经济增长的不竭动力。工业经济和农业经济的发展同样离不开相关的知识支撑，但主要依靠能源、劳动力、原材料，这些以物质的形态呈现。知识经济以知识为基础，其中支撑经济发展的是一切人类创造的知识成果，主要包括科技、管理、智力等，这些因素的物质性大大降低，这些因素通过对资源的优化配置及技术方面的改进，促进生产效率的提升，形成新型经济增长模式，促进经济的增长。

知识经济的兴起已经对多领域的发展产生了深远的影响，其影响主要体现在模式上，表现在对投资模式、产业结构、教育职能的影响。

（1）投资模式上，投资者倾向于投资知识密集型的产业，包括信息、教育等产业，这些产业因为大量的资金涌入，吸引了大量人才。

（2）产业结构上，知识经济一方面对传统的农业、工业的发展产生影响，促使农业、工业更新知识，走创新、绿色、高效之路；另一方面还促进了电子贸易、网络经济、在线经济等新型产业的兴起，这些产业的发展带动相应产业链的形成，大大拓宽了经济发展的范围。

（3）教育职能上，知识经济要求知识的及时更新，促使经济活动与学习联系在一起。经济的发挥需要以知识积累和创新为前提，促使教育融入经济发展的所有环节，所以在教育职能上大大增强，教育已经朝着终身教育方向发展。

2. 内涵发展

知识经济是人类发展到一定阶段的产物，人类所创造的一切知识成果具备了转化为生产力的可能，特别是科学技术方面的知识，呈现出蓬勃的生命力，推动了经济的发展。知识经济与信息经济之间既有区别又有密切的联系，一般来说，知识经济的发展是建立在信息技术基础上的，发展知识经济的关键是创新，创新需要借助信息技术实现人与人之间的认知共享，只有在认知共享的情况下，知识才能流通，才会碰撞并产生新的知识。知识经济强调的是人的大脑、人的智能。反过来，只有在信息共享的情况下，才能使新知识的产生成为可能，所以信息经济通过发展数字化、网络化，来加深信息共享的程度，进一步产生更多的新知识，为知识经济的发展提供发展的条件。通常，国际上同时使用知识经济、信息经济、智能经济、智慧经济等阐释现代经济的特征，正是依据其密不可分的关系。

（二）知识经济的符号特征

关于知识经济的符号特征，通常与农业经济、工业经济相比较来总结的。知识经济的产生主要经历了这五大转变：从有形资产转向无形资产、从狭义的信息资产转向广义的知识资产、从技术自身的创新转向知识生产的基础能力的创新、从知识本身的获取转向求知能力的开发、从重视引进及模仿能力转向强调创新能力。这五大转变也改变了经济结构，促进产业的技术更新与不断升级，增强经济活力。根据技术经济、信息经济的发展态势综合考虑新旧经济形态交替运行的内在要素，可以总结知识经济的特征，如图1-1所示。

资本投入呈现智力化	经济管理呈现网络化
产品形态呈现知识化	运作机制呈现规律化
经济市场呈现国际化	知识创新呈现经济化
生产效益呈现高效化	经济发展可持续化

图1-1 知识经济的八大特征

农业经济的基础是农产品及劳动力，工业经济的基础是商品及服务，知识经济作为当今世界普遍认可的经济，其基础就是知识的生产、分配、消费。当今时代，依靠技术创新特别是信息技术、高新技术的发展，知识经济成为全世界范围内经济发展的重点。

八大特征概括起来可以揭示知识经济的本质特征：

（1）知识经济以智力为第一生产要素，知识经济需要依靠人力资源才能发展起来。

（2）知识经济以高新技术产业为支柱产业，高新技术产业是人类未开发的领域，具有较大的开发价值，一旦掌握了领域的核心技术，将颠覆人们的生产、生活，掌握更多的主动性。

（3）知识经济需要不断更新、创新知识，通过发展相关的技术，促进知识的创新，为知识经济提供内在的动力。

知识经济的本质特征揭示了知识、技术、人才对经济发展的重要性，所以知识经济对教育的影响主要体现在人才培养目标上，教育只有为社会提供源源不断的人力资源，为发展服务，才能促进知识经济进一步发展。

（三）知识经济的时代意义

知识经济是人类发展到一定阶段的产物，具有时代性。知识与物质、资本相区分，同时知识经济与农业经济、工业经济相区分。如今，经济的发展对知识的依赖越来越明显，知识已经成为创造社会价值的最基本的要素，其所创造的价值得到全世界的认同，远远高于传统的资源、物质、人力等生产要素创造的价值。因此，知识经济正是针对知识在现代社会价值创造中的基础性作用而言的，与之相关的技术、信息、数字等成为推动经济增长的生产要素。对知识经济的认识，不能仅仅是区别于物质经济或资本经济，且具有积极的意义。

人类经济时代的划分有农业经济、工业经济、知识经济，但没有物质经济或资本经济。要区别农业经济、工业经济、知识经济，通常需要厘清"用什么来生产"而非"生产了什么"，"用什么来生产"强调的是生产工具，生产工具的不同产生不同的产业形态，所形成的动力也有所不同；而物质经济或资本经济无法反映"用什么来生产"，因此不具有参考意义。知识经济是用知识来生产的，随之形成的是以信息产业为代表的知识性产业形态，强调知识、技术、人才的重要。对此美国经济学家罗默提出在计算经济增长时，知识被列为重要的生产要素加以考量。知识对现代经济的增长起基础性作用，能真实、准确地反映经济的增长。

二、职业教育与知识经济

职业教育作为上层建筑本身没有直接的经济功能，但它为经济建设培养相应的人才，服务于经济建设，具有间接的经济功能。社会经济的发展对职业教育的发展及改革具有指导性作用，一般来说，经济发展的方向是职业教育发展的走向，知识经济时代，职业教育也会面临新的挑战，朝着以知识为主的目标进一步改革与发展。职业教育所面临的挑战主要表现在以下三个方面：

第一章 新时期职业教育创新发展相关背景

（1）产业结构发生变化。当前产业以知识、智力、信息、技术为核心，成为支柱产业并迅速发展，金融、旅游、个性化体验等成为热点产业，具有较大的发展空间。

（2）产业劳动力发生变化。除了职业教育培养的专门人才外，就业人群还包括从农村转移过来的大批劳动力、城市下岗工人等。

（3）经济运作方式发生变化。市场经济的发展，要求知识的不断更新与创新，对于从业者来说，需要具备终身学习的理念，即及时更新认知、技术上的内容，与时俱进，更好地适应市场的变化，适应经济发展的需要。

从以上三点可以推断，知识经济带来的产业结构、产业劳动力、经济运作方式的变化对职业教育提出了更高的要求——职业教育需要转变人才培养目标，为社会输送更多知识型人才；在人才培养模式上，倡导终身教育，进一步提升专业人才的适应能力。知识经济对于职业教育的挑战，具体表现在以下几个方面。

（一）知识经济时代，促使职业教育的对象范围扩大化

知识经济时代，职业教育的对象进一步拓展，不仅表现为年龄向前或向后延伸，还表现为教育的职业人群范围扩大。一般来说，职业教育包含中职、高职阶段的学生，但国外的职业教育年龄范围进一步扩大，如英国的一些学校对5—10岁的学生开设了生产实践课程，泰国的小学开设了缝纫、烹饪、手工课等具有职业性质的课程。日本老龄化现象严重，多数公司开展了较大年龄的工人的职业培训。中国的职业教育对象范围的扩大，主要表现为职业人群的扩大，除了学生外，还包括农村转移过来的大批劳动力、城市下岗工人等，大大拓展了职业教育的对象。

从国家层面来看，2018年，习近平总书记主持召开了中央深化改革委员会会议，审议通过了《国家职业教育改革实施方案》，主张加大职业教育的发展力度，培养高素质的劳动者及技术技能型的人才，持续为国家经济发展及国家竞争力提供人才资源。2019年全国"两会"上明确提出"全国高职院校扩招100万人"的目标，并在4月30日的国务院常务会议，讨论通过了高职院校扩招100万人的实施方案。目前，国内的一些职业教育院校开始扩大培训对象。

1.天津市的职业教育工作

天津市内的职业院校面向进城务工的人员及子女、返城回乡农民、下岗转岗和城市待业青年、退伍军人等积极开展一系列职业教育工作。培训涉及电

007

职业教育创新与课程多维构建研究

子设备、建筑、仪器仪表等多个领域，有效提高了这些人员的专业技能，为其就业助力。目前，天津市职业院校采取校内培训和上门培训相结合的方式，培训进城务工人员及其子女、返城回乡农民、下岗转岗和城市待业青年、退伍军人等。各职业院校还根据培训对象的需要，派出培训人员到企业提供培训服务。按照市教委要求，天津市参与技能培训的职业院校，将进一步创新培训模式，加强校企合作、校校合作，推行"订单"式培训。对于进城务工人员及其子女等重点培训对象，采取工学结合、弹性学制，学历教育与短期培训并举的方式、"长班"与"短班"相结合的办法进行培训。

2. 安徽省开展高职向社会人员扩招工作

自2019年起，安徽省开展高职扩招的相关工作，其高职招生计划包括具有本省户籍或在皖务工（需提供6个月以上劳动合同证明）、具有高中阶段学历或同等学力及以上的企事业单位在职职工、退役军人、下岗职工、农民工、村"两"委干部、新型职业农民，未参加当年高考报名或分类招生考试报名的高中阶段应届毕业生等群体均可报名参加考试，也鼓励企业支持员工组团带薪就读。考生原则上报考户籍或工作所在地的招生院校。

高职向社会人员扩招的意义在以下几个方面：

（1）缓解了社会的就业压力，保障了一部分人就业，稳定了就业形势。

（2）高职向社会人员扩招还能充分发挥高职院校的优势，培育优秀的技术后备人才，构建高质量人才发展的新格局。

（3）高职向社会人员扩招所培养的人才，将为现代农业、制造业、纺织业、服务业等输送高素质的技术技能人才，促进这些行业的发展。

（4）高职向社会人员扩招进一步推动职业教育改革的发展，大大丰富了高职院校的生源，促进高职教育与社会教育的结合。

（二）知识经济时代，促使职业教育的培养目标呈现多样化

职业教育的培养目标主要是让学生掌握特定职业的知识或技能，以就业为目标导向。知识经济时代，培养目标发生了变化，岗位需要的知识与技能是必备能力，除此之外，强调对学生的岗位适应性能力的培养，即在岗位的技术需求发生转变时，能不断更新自我知识结构，适应新的岗位需求。随着时间的推移，岗位技能的教学成为基础性教学，而获得知识与技能的方法成为每个职业学生需要具备的能力。所以职业教育经历了技术性人才培养、实用性人才培养到现在的高技能人才培养目标的变化。

如今，职业教育不仅培养学生适应岗位的能力，还拓展了学生的发展范围,有的学生选择升学继续深造,有的选择跨领域服务,有的走上了管理岗等。职业教育处在知识经济大背景下,其培养的目标不仅仅是传播知识的人才,更是创造知识的人才。所以在知识经济时代,职业教育的培养目标呈现出多样化,而不是单一的培养模式。

(三)知识经济时代,促使职业教育的课程内容与时俱进

知识经济促使职业教育培养目标的改变,在实施的过程中,课程内容的设定成为关键的环节,课程内容需要从当前产业的客观需求出发,制定灵活性强、实践性强的课程。美国的职业教育课程呈现出较大的灵活性,同时强调应用性。在设定课程内容的时候会考虑社会需求与学科特点,学生则根据劳动力市场的客观需求选择自己擅长的方向。德国职业教育课程内容强调培养学生独立思考的能力,鼓励学生认识事物发展的规律,研究事件的始末,掌握事物各部分之间的关系,培养独立精神。

在我国,秉持着职业教育直接为生产服务的原则,在课程内容设置的时候突出了职业的导向型、技能的主导型及内容的适用性,其中内容设置上突出多样性、应变性、应用性及整体性。总之,职业教育的课程内容需要与时俱进,与社会需要挂钩,知识经济时代所需要的是"知识型工人",即具备创造性思维能力、基本的生存能力、适应变化的能力、获取知识的能力、运用信息技术的能力、研发的能力等。所以,职业教育的课程内容就应当围绕上述能力展开,对课程内容进行科学设计、开发、实施。

(四)知识经济时代,促使职业教育专业设置发生转移

知识经济时代,产生了高科技产业,高科技强调尖端科技,是一种人才密集、知识密集、技术密集、资金密集、风险密集、信息密集、产业密集、竞争性和渗透性强,对人类社会的发展和进步具有重大影响的前沿科学技术。比如连接器产业、设备产业、网络技术产业、AI产业、航空航天产业、载人飞行产业都与高科技相关。要充分享有高科技带来的成果,就需要实现规模化,促进高科技产业的发展。

知识经济的发展带来产业结构的升级,同时还促进上述新兴产业的发展。这些行业的人才,需要职业教育的培养,而职业教育的专业设置也在不断调整中,在专业设置上,职业院校也会侧重这些新兴产业,在短时间内培养一批合格的高技术人才。

职业教育创新与课程多维构建研究

（五）知识经济时代，促使职业教育关注技术支持

智慧校园是知识经济时代的必然产物，智慧校园依托现代物联网技术，打造具有智慧化的校园工作、生活、学习一体化的环境，在物联网环境下实现网络学习与科研，通过技术支持实现知识的顺利流通和传播。同样，职业教育也需要构建智慧职教，开展高水平的教育和职业培训，直接为当地的经济建设和发展输送有用人才。因此，把技术支持充实到知识传播、知识创新、学校建设、教学方式、学习平台中，为智慧职教的发展提供必要的技术支持。

（六）知识经济时代，促使职业教育终身化体系的形成

目前，职业教育终身化的趋势明显，这反映了职业教育的层次的增加。终身教育的提出是在 20 世纪 60 年代，终身教育应当包含人的生命周期中的整个学习过程，从出生到生命结束，这期间的所有环境、各种形式下的教育与学习。终身教育体系应当包含学校教育、在职培训、社会教育、网络教育等各种教育，贯穿于人一生中的不同时期。

国务院于 2018 年印发的《关于推行终身职业技能培训制度的意见》，其中明确提出，职业技能培训是全面提升劳动者就业创业能力、解决结构性就业矛盾、提高就业质量的根本举措。目前，我国大力推行终身技术培训制度，有利于促进知识型、技能型、创新型的人才培养。另外，利用互联网进行职业教育在线化学习，践行了终身化教育，为进一步提升专业人才的综合能力提供了平台。

总之，知识经济的浪潮势不可当，它将改变现有社会的方方面面，并以其特有的运作方式和所呈现的时代要求引导职业教育改革的方向。

三、知识经济环境下的职业教育发展及成果转化

（一）知识经济环境下的职业教育发展

知识社会出现新的学习系统，在该系统内，知识的生产和再生产过程分布在组织的任何角落。新的学习系统有两个关键特征：

（1）实验学习成为知识创造的主要形式，它是"做中学"的高级形式，这种学习有一种实验的特点，探寻新的途径，收集资料，这些都是未来学习活动的最佳策略。

（2）知识生产者不仅是专业的研究人员，还包括所有人。进一步剖析，

也就是用户即创新者。总之，新的学习系统意味着大量的知识来源和不断激增的创新机会。所以，职业教育在适应知识经济的过程中体现了实践基础上的"创新"。

1. 人才培养目标的创新——以培养复合型技术技能人才为导向，开发职教新功能

知识经济对教育的最大挑战直接体现于对新型人才的需求，这必然导致职业教育人才培养目标的创新——以培养复合型技术技能人才为导向。复合型技术技能人才是在复合型人才概念基础上产生的，是指不仅在专业技能上出类拔萃，还具备综合素质，在相关方面有一定能力。

关于复合型技术技能人才的培养，目前政府部门已经印发了相关文件，见表1-1。

表1-1　复合型技术技能人才培养相关文件

时间	文件	印发部门	主要内容
2015—10—21	《关于引导部分地方普通本科高校向应用型转变的指导意见》（教发〔2015〕7号）	教育部、国家发展改革委、财政部	通过改造传统专业、设立复合型新专业、建立课程超市等方式，大幅提高复合型技术技能人才培养比重
2019—01—24	《国家职业教育改革实施方案》（国发〔2019〕4号）	国务院	深化复合型技术技能人才培养培训模式改革，借鉴国际职业教育培训普遍做法，制订工作方案和具体管理办法，启动"1+X"证书制度试点工作
2019—04—04	《关于在院校实施"学历证书+若干职业技能等级证书"制度试点方案》（教职成〔2019〕6号）	教育部、国家发展改革委、财政部、市场监管总局	深化复合型技术技能人才培养培训模式和评价模式改革，提高人才培养质量，畅通技术技能人才成长通道，拓展就业创业本领

目前，职业教育印发《关于在院校实施"学历证书+若干职业技能等级证书"制度试点方案》（以下简称《试点方案》），部署启动"学历证书+若干职业技能等级证书"（以下简称"1+X"证书）制度试点工作。这里的"1"是指学历证书，"X"是指职业技能等级证书，"1+X"证书通常情况下，学历证书是为了全面反映学校教育的培养结果，而职业技能等级证书反映的是学生在学习之外的技能的拓展。这意味着除了学历证书可以证明能力外，还可以通过其他专业证书来证明其职业水平。目前，启动了建筑工程技术、信息与通信技

术、物流管理、老年服务与管理、汽车运用与维修技术5个职业技能领域，设立了试点职业技能等级证书。

从以上举措看，职教教育的功能得到进一步拓展，对学生的培养目标不单是教会其岗位的基本知识与技能，更多的是对其能力的培养，包括团队协作能力、跨学科解决问题能力、持续学习能力等，以促进个体能力的终身发展。所以，必须拓展职教的教育功能，为学员的升学、个人发展服务，为社会服务。

2.教育对象的创新——弹性学生群体

新经济对人才规格要求的变化导致许多原本在岗的人员不再符合或不完全符合社会的用人标准，必须让他们重新回归到教育中，而这部分学生群体呈现出与以往固定年龄、固定学历、固定学习基础的学生完全不同的特点：年龄参差不齐，学习基础各不相同，学习能力各有差异，生活背景差距甚大等。

如果我们把以前职业教育的对象视为相对固定的学生群体的话，那么职业教育接下来将要面对的是弹性学生群体：他们可以根据自己的需求掌握课程进度，可以不是全日制学习，可以边工作边学习，可以自由选择不同的课程组合，也可以在不同的地点进行学习活动……因此，他们不是我们传统意义上的固定学生群体。职业教育要真正满足这种弹性学生群体的需求，就有必要在职业教育内部推行"累计学分制"，确保弹性学生群体学习的可持续性和相互认可性。

3.课程的创新——开发与运用新型能力标准，提倡实践学习

要实现职业教育的创新发展，发展课程是其核心，可以尝试以下做法：

（1）利用现有资源，开发形成新的课程模式，努力培养符合当今时代人才的能力标准。

（2）提倡实践学习。由于知识经济时代，对知识与技术的要求更高，且知识与技术更新的速度较快，新的知识的更新，往往是为了解决某一具体的问题，因此，在这一背景下要求知识与技术具备实用性，其实用性需要通过大量的实践活动来检验。通过跨学科、跨领域的尝试，实现问题的解决，促进新的知识与技术的产生。所以，实践性的学习很有必要，它改变了以往偏重理论、一味模仿的学习方式，转为在实践中创新知识与技术，解决实际难题。

4.校企合作办学机制的创新

根据《关于推动现代职业教育高质量发展的意见》，在创新校企合作办学机制上，要做到以下三点：

（1）丰富职业学校办学形态。当前的职业学校在办学方式上较为单一，未能利用企业的优势资源来培养人才，因此，职业学校应当在着眼实际的前提下，与企业开展双边或者多边的合作，包括技术、平台、科技园等的协作与发展，同时职业学校也可以针对企业的实际需求定向为地方的中小微企业开展产品研发、技术支持，促进企业的技术攻关，创造更高的效益。

（2）拓展校企合作形式内容。当前职业学校与企业的合作形式单一，内容呆板陈旧。要取得长久、快速的发展，职业学校应当与行业的龙头企业建立起全面合作的关系，包括规划职业教育的专业、课程、教材、教学、实施等，拓宽职业学校的人才培养途径。同时国家应当鼓励企业为学生提供实习、实训的机会。

（3）优化校企合作政策环境。国家要将校企合作放在发展的大背景下优化，同时，各部门也要在制定政策的同时充分考虑校企合作，为校企合作的开展提供良好的发展空间。为促进校企合作的积极性，职业学校还可以把通过校企合作、技术服务、社会培训、自办企业等的收入，按一定比例作为绩效工资的来源。

5.教育途径的创新：学分银行的建立

学分银行，是模拟或借鉴银行的功能设定了管理模式，学生在学分银行中可以根据自己的兴趣选择学习内容、学习地点及学习时间进行学习，以此获得学分的模式。这种通过零星的学习时间获得学分的形式与银行的零存整取的存钱方式一致，因此被称为学分银行。获得的学分可以像货币存在银行一样，达到了一定标准之后就可以兑换相应的学历或者技能证书。2020年11月，北京实施了学分银行，其目的是构建多样化的学习模式，积极挖掘学生的兴趣，增强自信，进而形成终身学习的理念。

以北京市学分银行为例，不论是学历教育还是非学历教育，抑或是个人竞赛成果、实习经历、工作经历所产生的学习成果，符合一定的标准都可以申请转换成院校学分。按照"统一规划、试点先行、分期推进"的原则，目前北京市学分银行开设了职业教育和成人教育两大试点，之所以选择职业教育和成人教育作为试点，是因为我国的产业结构及经济增长模式发生了变化，各行各业对复合型技术技能人才需求日益增长，通过学分银行，可以拓展技术技能人才的各项能力，不断输出应用型人才，鼓励技术技能人员多方培训，获得职业技能等级证书，以实现更好地为岗位服务。之后，国家会逐步对职业培训、社区教育、老年教育等非学历教育的学习成果、各类学历教育学习成果，以及个人工作经历、实习经历、竞赛成果等开展学分认定，转换成职业教育和成人教育学分。

例如，上海市在2006年印发了《关于推进上海学习型社会建设的指导意见》，为构建学习型社会服务，通过发展学分互认调研，确定学历与非学历教育间的"学分互认"机制，记录职业教育的学习情况及奖励情况，探索终身学习的模式。

比照世界各国职业教育发展可以看出，职业教育都是与社会经济结合发展的，职业教育需要根据社会发展、经济发展、产业发展的需要来确立其发展方向。只有这样，知识经济与职业教育才能形成良性互动，相互促进共同发展。与此同时，我们也需要看到职业教育促进经济的发展需要不断创新，源源不断为社会提供高质量、复合型技术技能人才，才能引领高科技产业发展，而世界范围内的比拼，归根到底还要落在人才与教育上。

（二）知识经济时代，促进职业教育成果的转化

知识经济的发展需要依靠知识的创新与传播，职业教育作为知识创新主体具有不可忽视的作用。职业教育弥补高新技术产业的人力资源短板，成为培养高质量技术人才的来源之一。当前职业教育的目标是培养具有高质量的专业技术人才，通过提升知识与技术的转化能力来实现高新产业的快速发展，增强我国的经济实力。知识创新是经济发展的基础，但知识创新本身并不等于经济的发展，关键是怎样将知识创新成果迅速地转化为现实的生产力，所以成果转化成为衔接职业教育与经济发展的桥梁，需要采取有效的措施来推动职业教育的成果转化。

知识经济强调的科技武装经济，职业教育的成果转化提供了以下两点有利条件。

（1）知识经济时代，滋生新的技术需求，促进职业教育培养高端技术人才。面对科技产业规模的扩大，促使科技产业结构的调整及升级，高技术产业迎来了发展的春天。目前，技术领域需要大量的高端技术人才，特别是当前的电子信息产业、高端制造产业等高科技领域的人才是缺口。职业教育根据大时代背景下的人才需求，培养大批技术技能人才，这些人才将成为发展高端技术产业的重要力量。当前，国家非常重视职业教育的成果转化能力，教育部投入较多的经费大力支持职业教育的发展，将职业教育与国家、区域技术创新发展融为一个体系，培养更多适应经济社会发展及产业需要的高素质技术技能人才，助力产业升级、结构优化，提升经济发展质量，实现经济的可持续发展。

（2）知识经济时代，促使产业、教育走向深度融合，促进校企双元育人。产业的发展急需科技创新和人才支撑，需要通过实施创新驱动战略，促进装备

制造业、新能源新材料业、农产品加工业、化工业、电子信息业、大健康业、再生资源利用与再制造业等新型产业的快速发展，加大了对高技能人才队伍的强劲需求，而产教深度融合既满足当前对人才的需求，也是职业教育培养技术技能人才的有效途径。职业教育培养的技术人才在学习的同时，与产业发展动向衔接，完善学习与实践结合流程，促进成果的快速转化，将其运用到产业发展中，满足产业发展需求，推动产业的升级。

第二节　学习化社会与职业教育

"学习化社会"的提出是在1968年，源于哈钦斯的《学习化社会》一书，之后学习化社会为世界各国认可，成为当前世界社会发展的主要潮流。学习化社会促进职业教育改革与发展，促进职业教育的创新，形成了学习化社会的职业教育体系，促使职业教育的形式从单一化走向多样化。

一、学习化社会的定义及特征

"学习化社会"其翻译为"learning society"，也称为"学习型社会""学习社会"等。1972年，联合国教科文组织下属国际教育发展委员会发布了《学会生存——教育世界的今天和明天》的报告，其中提到了要"向学习化社会前进"。自此，学习化社会成为世界各国发展的重要原则与方向。

"学习化社会"是在科学技术飞速发展的背景下提出的，科技促使产业结构的变化，新兴产业促使传统产业的创新。对于社会个体来说，原来的岗位职责及功能随着时代的发展发生变化，需要知识及技能的更新。学校教育在走上岗位之后不再满足岗位需求，只有不断学习新的知识与技能才能适应岗位的变化。对于"学习化社会"的定义，《学会生存——教育世界的今天和明天》指出："这样一个社会的出现，只能把它理解为一个教育与社会、政治与经济组织（包括家庭单位与公民生活）密切交织的过程"❶。

---

❶ 联合国教科文组织国际教育发展委员会：《学会生存——教育世界的今天和明天》，北京，教育科学出版社，1996：203。

于是可以将学习化社会界定为：以学习者为中心，以终身学习、终身教育体系和学习型组织为基础，以保障和实现满足社会全体成员各种学习需求和获得社会可持续发展的社会。

学习化社会强调学习的全民性，突出了学习的主动性，鼓励终身学习，进而在社会层面、个人层面营造学习氛围，促进知识、科技的产生，促进社会的进步、经济的发展。

（一）社会层面的特征

1. 学习是发展经济、促进社会进步最主要的动力

学习化社会是在知识经济背景下产生的，也是社会发展的必然结果。知识经济与学习化社会都需要人的参与才能完成，所以人成为推动知识经济发展、普及学习化社会的根本动力。学习化社会的构建需要人不断地学习，积极更新自我认知，增强社会流动性和稳定性、防止社会阶层固化。所以，在学习化的社会中，学习是经济发展、社会发展的最重要的动力。

2. 学习具有全民性

全民性即每个人都有学习的机会与权利，在整个社会中，不同的年龄、种族、性别、健康状况、受教育程度的人，都有平等学习的机会。学习的机会以往为少数人享有，而在学习化的社会中彻底扭转了这一局面。全民学习的模式打破了固定场所、一定年龄阶段的限制，使得学习具有全民性的特点。人们在这一自己学习的空间中，可以充分享有学习的权利与机会，深入挖掘兴趣领域，扩大跨学科的适应性，促进全民学习能力及自身能力的提升。

3. 学习资源的共享

学习资源的共享首先依托的是现代通信及信息技术的运用，使社会性的学习资源平台形成，在这一学习平台中，学习者可以依照互联网的优势进行学习。其次，随着当代共享理念的普及，多数人更新了观念，树立起开放、协作、交互的理念，拥有资源的学习者可以通过规范的平台构建共享系统，上传资料实现共享。总之，现代社会已经形成了具有规模效应的共享平台，供大家交流与学习。

（二）个人层面的特征

1. 学习是个人生存和发展的根本需要

在学习化的社会中，社会生产需要的知识与技能的要求越来越高，同时，学习化社会也促使人们对生活观念的改变，促进观念的更新，也迫使人们不断

学习更新知识与技能，只有这样才能实现自我价值。当前已经没有一劳永逸的岗位可以保障人们不通过学习就能胜任，因此需要培养持久的学习能力，不断学习，掌握行业发展动向，形成持久的竞争力。

2. 学习是人的终身活动

一般来说，人的思维模式分为成长型和固定型。固定型思维模式的人认为智力水平在出生时就定型了，很难通过后天改变，面对失败一蹶不振；而成长型思维模式的人相信可以通过后天改变，所以更愿意主动地学习，面对失败也会重新调整心态，尝试不同的策略。在学习化社会中，会逐渐摒弃固定性思维，倡导学习作为个人发展的必要手段，学习不仅是当下的任务，还将延续一生，因而教育阶段与工作阶段的界限越来越模糊。

3. 学习是人的自主活动

在学习化社会中，学习是人的自主活动，主要表现为自愿的、主动的学习，这种学习状态无论是兴趣所致还是愿望、目标所致，都呈现出主动学习的动机。自主学习是学习化社会的主要学习形态，学习促进人的自我完善，如学习中，因为解决了困难，获得了成就感；学到的实用内容促进技能的升级等，这些都是自主学习的作用。一旦学习成为人的自主活动可呈现这样的状态：学习动机可以自我激发，学习内容可以自我选择，学习方法可以自我确定，学习时间可以自我计划，学习过程可以自我监控，学习结果可以自我评价。

4. 学习活动个性化与多样化

人的全面发展是对人的各方面能力的要求，当地社会鼓励个人创新，鼓励个人遵照内心自主发展，重视个性化的差异，塑造多样化的思维方式。所以，学习化社会中，每一个社会成员可以突破时间、空间上的局限，自主选择发展自己的兴趣，根据需求定制化学习，根据变化增强能力等，而相应选择的学习内容、学习时间、学习方式等，使学习活动呈现出个性化、多样化的特点。

由此我们可以发现，学习化社会无论是从社会层面，还是个人层面都具有积极的意义，是促进个体与社会双向发展的理想化社会。

二、学习化社会理念对职业教育的影响

学习化社会所构建的学习的理念，对于之前所有类型的教育都是一种挑战，对于职业教育来说，不仅需要转变培养目标，还要及时更新观念，与社会客观需求挂钩。学习化社会理念对职业教育的挑战主要表现在以下几个方面。

(一)改变职业教育作为普通教育补充的观念

职业教育设置的最初目的是补充普通教育,因此也被贴上了"次等教育"的标签。随着时代的发展,职业教育与社会、企业的需求衔接,为培养高技术专业人才,为社会化大生产服务,因此,职业教育在经济建设,特别是高科技领域所发挥的作用越来越大。我国也在逐步加强职业教育的地位,并颁布了一系列的文件进一步巩固职业教育的地位,见表1-2。

表1-2 国家关于职业教育的主要文件

年份	文件	内容
1991年	《关于大力发展职业教育的决定》	对职业教育的性质、地位、作用以及方向、任务、措施等都做出了明确的规定,提出了积极发展高等职业教育,建立初等、中等、高等职业技术教育体系的问题
1996年	《中华人民共和国职业教育法》	为了实施科教兴国战略,发展职业教育,提高劳动者素质,促进社会主义现代化建设,根据教育法和劳动法制定的法规
1998年	《面向21世纪教育振兴行动计划》	高等职业教育必须面向地区经济建设和社会发展,适应就业市场的实际需要,培养生产、服务、管理第一线需要的实用人才,真正办出特色
1999年	《关于深化教育改革全面推进素质教育的决定》	高等职业教育是高等教育的重要组成部分,要大力发展高等职业教育
2005年	《国务院关于大力发展职业教育的决定》	落实科学发展观,把发展职业教育作为经济社会发展的重要基础和教育工作的战略重点。以服务社会主义现代化建设为宗旨,培养数以亿计的高素质劳动者和数以千万计的高技能专门人才。坚持以就业为导向,深化职业教育教学改革。加强基础能力建设,努力提高职业院校的办学水平和质量。积极推进体制改革与创新,增强职业教育发展活力。依靠行业企业发展职业教育,推动职业院校与企业的密切结合。严格实行就业准入制度,完善职业资格证书制度。多渠道增加经费投入,建立职业教育学生资助制度。切实加强领导,动员全社会关心支持职业教育发展
2006年	《关于全面提高高等职业教育教学质量的若干意见》	明确提出了高等职业教育是高等教育发展中的一个类型
2014年	《关于加快发展现代职业教育的决定》	到2020年,形成适应发展需求、产教深度融合、中职高职衔接、职业教育与普通教育相互沟通,体现终身教育理念,具有中国特色、世界水平的现代职业教育体系

续表

年份	文件	内容
2019年	《国家职业教育改革实施方案》	推进高等职业教育高质量发展，完善学历教育并重的现代职业教育体系
2020年	《职业教育提质培优行动计划（2020—2023年）》	通过建设，职业教育与经济社会发展需求对接更加紧密、同人民群众期待更加契合、同我综合国力和国际地位更加匹配，中国特色现代职业教育体系更加完备、制度更加健全、标准更加完善、条件更加充足、评价更加科学

在国际范围内，对职业教育地位肯定的呼声也越来越高，联合国教科文组织在1999年呼吁提升职业教育的地位，特别强调发展中国家，要将职业教育与普通教育一视同仁，不能认为职业教育就是"次等教育"。在当下的学习化社会中，职业教育与普通教育一样，需要通过终身学习的手段，不断提高岗位的适应性，发挥能力，促进知识的转化。

（二）打通与普通教育的壁垒，实现互动与学习

在学习化社会大环境下，最显著特征是终身教育，终身教育强调学习的持续性与全民性，这就打通了职业教育与普通教育的壁垒，使职业教育与普通教育联系在一起，成为提升学习者知识与能力的途径。目前，社会对职业教育认识仍存在偏见，使职业教育与普通教育存在不同程度的疏离，职业教育仍然需要更多的空间释放潜力。

（三）开始应对较多的职业流动性

学习化社会的到来，也意味着职业流动性的增大，职业流动是从一个职业更换到另一个职业，在很大程度上，职业流动可以优化人力资源利用，同时有助于个人能力的发挥。对于职业教育来说，不仅培养学生掌握相关的技术知识，还要培养学生适应新的岗位的能力，即无论在哪个岗位上都能应用自我知识体系来解决问题，优化工作流程，达到最好的结果。所以职业教育在制定人才培养目标时，还要考虑人才规格的变化，根据变化制定人才培养策略。

旧有的教育经验需要优化，不仅表现在课程内容、技术工艺上，还表现在目标观念方法论上的变革。所以，职业教育要适应学习化社会，仅停留在课程、专业的调整上还远远不够。

职业流动性对企业来说，需要通过培训提升员工的业务能力，但目前企业培训属于公司的体系，没有纳入职业教育系统。另外，一些社会培训因为没

有足够的资金支持，也面临着较大的困难，开展缓慢。所以职业教育的资源优势没有得到充分共享。虽然职业教育的供给体系较早地突破了学校的局限，但是在学习化社会中仍然存在着割裂现状，职业教育需要加大共享力度，完善培训体系，保障大众通过专业的培训获得能力的提升，这样在职业流动性大环境下，员工面临岗位的变化，能掌握更多的主动性，在新的岗位上迅速适应并创造价值。

（四）建立弹性灵活的课程系统

在课程设置上，职业教育为了凸显职业教育紧跟时代潮流的导向，建立起既具有连贯性又具有灵活性的课程系统。连贯性是在课程系统中，课程设置参照科学的方法设置，整个课程呈现出连贯的状态，共同组成课程系统。灵活性强调学习者根据自我的实际情况，选择学习层次，完成从低到高的成长轨迹。同时无论学习者基于何种目的，学习者能在课程系统中自由选择，实现了各取所需，这样使学习者掌握了主动性，也使学习活动呈现出丰富性与多样性。当前职业教育的课程大多未实现多样化与个性化的呈现，跨学科的课程之间的衔接性不够，学时过长等问题，这些是亟待解决的问题。

三、构建学习化社会的职业教育体系

职业教育为了适应学习化社会，也在紧随社会发展形势进行改革，目前正从以下五个方面着手。

（一）职业教育在学习化社会中的定位

学习化社会直指终身教育，而终身教育于职业教育也适用，且对于职业教育培养出的专业技术人才来说，终身学习意味着能力的不断提升，这样，科技创新的可能性将大大增强。

职业教育在当今社会发挥着重要的作用，尤其高新技术产业的发展离不开职业教育的发展，职业教育同时是实现和平文化的有效途径。职业教育与普通教育之间也形成了平衡、稳定的关系，职业教育从人的客观需求出发，培育专业技术人才，同时倡导终身学习实现社会的可持续发展。职业教育不再属于终结性教育，而是提供给学习者不断向上的通道，它已经突破了低层次的技术范畴，促进学习者合理规划自我职业发展，促进职业生涯的良性发展。

（二）以学习者为中心的职业教育人才培养

职业教育人才培养通常涉及学校、专业、课程三个层面，首先学校层面是指高职院校培养人才的预期效果；专业层面主要针对专业构建而言，涉及专业课程及专业教学的设计；课程层面是为了培养合格的专业人才开展的，涉及课程内容、课程设计、课程安排、教学方法、教学活动及评价。从以上三个层面展开职业教育的人才培养主要包括以下几个方面：

（1）以学习者为中心确立人才培养标准。当前的职业教育不仅使学生掌握知识，还要加深对知识内涵的认识，进一步灵活运用知识形成学习的能力、思维及习惯。当今的大环境下，产业结构不断升级，新的商业模式不断更新，对新技术的需求越来越大，所以职业教育的专业设置必须反映社会的客观需求，在人才培养上要突出适应性和灵活性。因此，对于当前需要的复合型技能技术人才，不仅要求学生掌握相应的知识与技能，还要接受通识教育，提升学生的综合能力。

（2）以学习者为中心确定课程及实施。要培养复合型技能技术人才，只有通过课程才能实现，所以职业教育的课程涉及基本的知识与技能的同时，还要构建"通用技能"内容，为之后的职业发展奠定基础。所以，要构建以学习者为中心的课程体系，需要充分把握当前产业发展的即时动向，厘清未来工作需要的职业能力及职业素养，以此来制定课程内容，建立完善的人才培养框架。

构建以学习者为中心的课程体系，需要围绕当前需要，并结合未来领域的技术需求来设定课程，确保课程的内容能解决现实工作中的问题。所制定的教学建议结合了学习者的心理发展特征，符合职业教育教学的规律。

（3）以学习者为中心实施教学改革，设计教学活动。首先，要开发相关的职业教育专业教学标准，通过设定教学目标、梳理课程结构及内容、进行合理的编排，明确学生的课程参与标准与评分标准。其次，实现"以教定学"向"以学定教"的转变，过去的学习主要强调知识是个人建构的过程，现代学习强调知识是社会建构的过程，学生需要在学习中自主学习，积极互动，达成协作，促进能力的发展。能力一旦形成，将变成学生独立发展成就的内容。

（4）以学习者为中心配置职业教育资源。学习化社会中的职业教育需要建立充足、公平、优质的教育资源，这些教育资源为学习者服务，全面关照学习者的学习与成长过程，围绕学习者需要建立一系列的教育资源，包括教学设备资源、教师资源、课程资源、教学活动资源等，这些教育资源有无形的资源，也有有形的资源，通过共建、共享、共用的方式，实现学习者与优质资源的有效衔接。

职业教育创新与课程多维构建研究

（5）以学习者为中心实施人才培养质量评价。质量评价是为了检验职业教育的人才培养是否符合社会的需要而制定的评价标准。以学习者为中心制定的人才培养质量评价体系需要全面反映人才培养的本质特征，从需求出发，避免过分重条件、比项目、比经费。首先，要开发出一套体现学习者为中心的人才培养质量标准。从逻辑上看，职业教育的目的是促进人的全面发展；从未来看，职业教育学生需要面对未来世界、未来生活、未来工作，需要展现其知识与技能、能力与意识、创新与实践、合作与竞争等，在以上两个方面的基础上，开展质量评价框架与标准。其次，质量评价体系以提高学习者的学习能力为主要标准。质量评价首先关注学习者的学习过程，关注学习者学习的动机，来衔接学生掌握知识与技能的过程，进而掌握学生综合能力发展的证据，证据通过评分手段转化为数据，对学习情况实行综合考量。

（三）借鉴"双元制"职业教育体系

"双元"即"两元"，"一元"是指企业，另"一元"是指职业学校，"双元制"是德国职业教育的主要形式，其构建表现为依靠学校与企业资源的有效整合，充分将实践与理论相结合，以此来培养高素质的专业技术人才。企业是职业教育的核心，凡是接受职业教育的学生都需要同企业签订培训合同，未成年学生由父母签订。职业学校是职业教育的主体，在德国，约有70%的中学生毕业后升入"双元制"的职业院校接受教育。

1."双元制"职业教育与我国职业教育的比较

"双元制"职业教育与现在我国的职业教育相比，在一些方面具有相似之处，但有的方面存在差异。

其相似之处表现在：

（1）我国的职业教育的校企合作与"双元制"职业教育在培训主体上存在一致，即企业与职业学校都是学生的培训主体。

（2）在课程设置上，两国职业教育的课程分为实训课和理论课，在学习理论知识的基础上开展实践教学。

德国的"双元制"职业教育与我国的职业教育的差异之处表现为：

（1）"双元制"体系中学生有两种身份，即职校学生及企业学徒。在"双元制"体系中，青少年与企业签订了具有法律效力的合同，并在合同中明确了双方在合同中的权利与义务，此时青少年的身份是学徒。青少年在职业学校就读期间，其角色是学生。目前，我国的职业教育只有学生角色，学生可以到企业实习或者参观学习，仍然以学生的角色进行实践学习。

（2）在管理体系上，德国"双元制"有联邦政府与州文教局管理。一般政府管理企业的职业培训，各州的文教部分管职业教育的教学。当前我国的职业教育以学校为主导，企业参与，尚未形成合力的管理体系。

（3）在师资上，"双元制"职业学校的教师分为实训教师和理论教师，这两种教师分别设立两个岗位来教授学生的知识及理论。我国的职业教育中教师多为理论型教师，其实训经验较少，但目前在朝着双师型教师方向发展。

2. 对德国"双元制"职业教育的借鉴

职业教育的发展需要政府、社会、学校及个人的多方努力，通过对比德国"双元制"的特征，我国职业教育构建学习化社会的教育体系中，应当做到以下几点：

（1）对学生实践能力的培养。要重视学生实践理论与实践能力的培养，要逐渐加大实践的比重，同时在理论学习上也要强调理论的实用性特征，紧密联系实践，并服务于实践的需要。德国的"双元制"教育与其称为教育制度，不如称为思想，它是一种注重实践与能力培养的思想。我国的学习化社会职业教育体系的构建不仅要注意理论知识与实践训练的时间分配，还要注意培养职业教育体系的运行机制，确保培训计划与教学方法能实施到具体应用上。

（2）不断加强企业在职业教育中的地位。要发挥企业在职业教育中的主导作用，构建企业、学校共同管理的格局。在我国，职业教育开展的过程中，学校是职业教育的主体，企业的参与度较低，没有形成共赢模式。虽然目前多数的职业学校已经与企业建立起长期合作的关系，有的课程也在企业中完成，但是企业仍处在一个被动的局面，所以企业要融入到职业教育中来，企业要以雇主的身份参与其中，为学生提供大量的实习及实践机会。

（3）要不断深化校企合作，完善课程内容与职业标准的一致性。当前职业学校仍是一元制模式，需要打破现有状态，要转变企业的角色，将企业看成学生培养的主体，同时还要设立专项基金来支持企业在职业教育中的工作，实现课程内容与职业标准的一致性。

（4）加强师资建设，培养双师型教师队伍。德国职业教育的技能教师具有丰富的技术经验，这是我国的职业教育教师所欠缺的，职业教育的教师不仅需要具备丰富的理论知识，还要有丰富的实践经验，这样才能培养出复合型的职业人才。教师提高实践经验的途径较多，如到企业锻炼、参与企业项目等。另外，职业学校还可以邀请企业的专业人员到学校授课，以此培养学生的实践能力和动手能力。

第三节 信息化促进职业教育创新

一、信息技术及信息化

高新技术是当今时代各国发展的核心竞争力,而信息技术是高新技术的代表,促进了信息化社会的发展。有了信息技术,促进了信息管理效率的提升。同时,信息技术带来行业的大发展,促进信息技术与其他技术的结合,催生了大量的新兴产业,创造了新的商机。信息技术加快了经济运行的节奏,在优化企业运行效率的同时为企业带来激烈的外部竞争,促使企业寻求创新,增强核心竞争力。

(一)信息技术

1. 信息技术的概念

信息技术是指以现代计算机及通信技术为代表的,对信息的产生、收集、处理、加工、传递、使用等各个环节提供支持的技术。信息技术是一个由若干单元技术相互联系而构成的整体,又是一个多层次、多侧面的复杂技术体系。信息技术大致可归纳为4个相互区别又相互关联的层次,如图1-2所示。

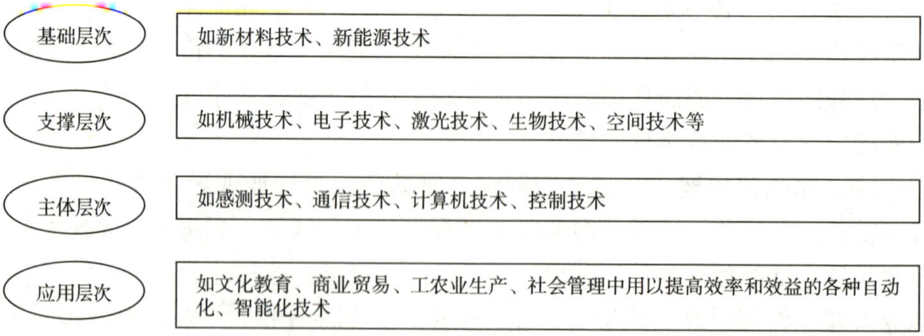

基础层次	如新材料技术、新能源技术
支撑层次	如机械技术、电子技术、激光技术、生物技术、空间技术等
主体层次	如感测技术、通信技术、计算机技术、控制技术
应用层次	如文化教育、商业贸易、工农业生产、社会管理中用以提高效率和效益的各种自动化、智能化技术

图1-2 信息技术的四个层次

2. 信息技术的发展

信息技术的发展历程大致经历了三个阶段：在古代以人工传递为主，在近代以电信为主，在现代以信息技术和网络为主，所以信息技术经历了人工、电信、信息技术和网络三个阶段，如图 1-3 所示。

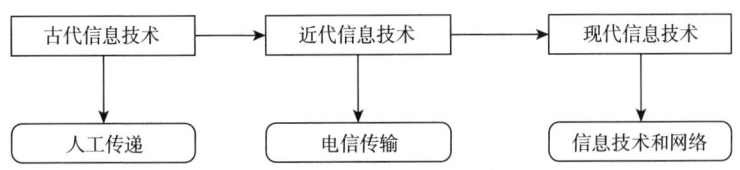

图 1-3 信息技术发展的阶段及特征

（1）现代信息处理技术。信息处理技术是信息技术的核心，其充当的角色相当于人的思维。到 20 世纪 80 年代以后，随着信息技术的发展，计算开始用来分析与整理数据，并且随着越来越多的用户的使用，开始出现数据库、管理信息系统、决策支持系统、人工智能与专家系统、自然语言分析与处理系统等信息处理和分析技术。

（2）现代信息表述技术。计算机是一个自动化的信息加工工具，其指令与处理的数据都是采用二进制数字系统。计算机只能识别二进制数字，因此，需要其处理的所有数字、字母、符号等均要用二进制编码表示。在计算机用于信息表述的数制及码制中，常用的数制有二进制、八进制、十六进制等。

（3）现代信息传输技术。20 世纪中期，计算机技术、卫星技术、光纤技术等的发明和普遍应用，使通信技术进入了高速化、网络化、数字化和综合化时代。进入 20 世纪 90 年代，通信技术领域出现了 Internet 和信息高速公路。Internet 就是一个计算机信息传输网，它能向用户提供丰富的信息资源和信息传送服务，实现全球范围的信息资源共享；信息高速公路则是一个覆盖全世界各地的高速信息传输网络。

（4）现代信息存储技术。随着传统图书外的微缩品、磁盘、光盘等的出现，信息存储技术又发生了翻天覆地的变化。

3. 信息技术的主要表现形态

信息技术有两种基本类型——硬件和软件。硬件通常是指组成计算机系统的物理设备；软件就是用来完成某个特定的任务，由计算机硬件执行的一系列指令。例如，PDA 本身是硬件设备，它包含一些软件，可以用来安排日程、更新地址簿等。

（1）硬件。硬件可以分为六类：输入设备、输出设备、存储设备、中央处理器（CPU）、远程通信设备和连接设备，如图 1-4 所示。

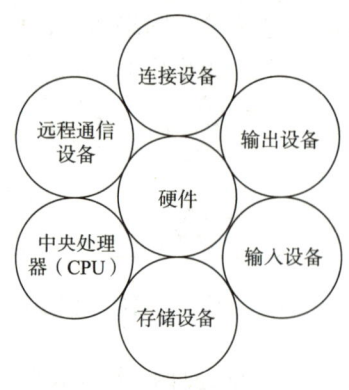

图 1-4　硬件分类

输入设备的功能是获取信息和指令的工具，主要包括键盘、鼠标、触摸屏、游戏杆、条形码阅读器和读卡器等。

输出设备的功能是用来看、听或其他接收信息处理结果的工具，包括打印机、显示器、扬声器等。

存储设备的功能主要是用来存储信息，以备日后使用的工具，包括硬盘、闪存盘、DVD 光盘等。

CPU 也称中央处理器，其全称为"central processing unit"，CPU 是解释并执行软件指令、协调其他硬件设备共同工作的硬件，是信息处理、程序运行的最终执行单元。中央处理器的功效主要为处理指令、执行操作、控制时间、处理数据。

远程通信设备是与其他人或区域之间收发信息的工具。例如，上网使用的调制解调器（调制器与解调器的简称）就是一种远程通信设备。

连接设备包括连接打印机的并行端口、打印机与并行端口之间的连接线和内部连接设备等。

（2）软件。软件分为应用软件和系统软件两大类，应用软件顾名思义是日常应用的软件，其实用性较强，所执行的功能是解决特定的问题，完成特定的任务的软件，如常用的 word 软件，用于日常办公使用，应用软件还包括工资处理软件、写作软件、库存管理软件等。

系统软件又分为操作系统软件、工具软件两类，操作系统软件主要管理应用软件，并协调硬件设备，促使其正常运行的系统软件。操作系统软件主要包括 Microsoft Windows、Linux、Mac-osx、UNIX 等。工具软件的优势在于可以在操作系统的基础上提供一些附加功能，进一步优化系统的运行质量和效率，此类软件主要包括病毒查杀软件、屏幕保护软件、卸载软件、文件保护软件等，如图 1-5 所示。

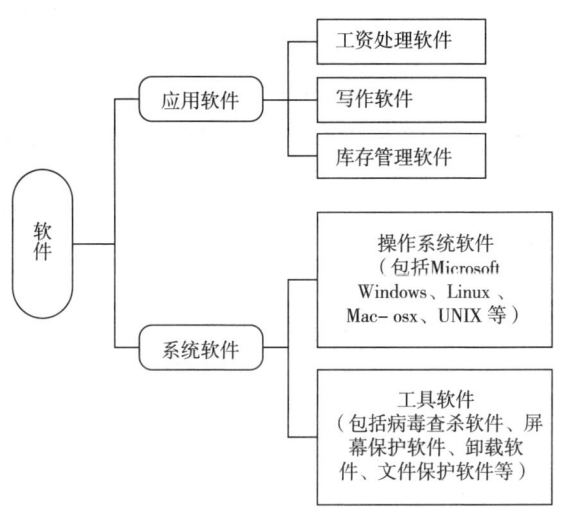

图 1-5　软件分类

4. 普适计算

普适计算，其全称为"Ubiquitous Computing"，强调计算机本身与环境融为一体。人们通过普适计算，可以在任何时间、任何地点、以任何方式进行信息的获取与处理。普适计算的核心标签是小型、便宜、网络化的处理设备广泛分布在日常生活的各个场所，计算设备将不只依赖命令行、图形界面进行人机交互，更依赖"自然"的交互方式，计算设备的尺寸将缩小到毫米甚至纳米级。如今的商业经济迅速发展，企业要想在激烈的竞争中取得胜利，需要构建一个技术平台及框架，保证行业伙伴的相关信息在第一时间获得。这个时候与普适计算相关的分布式计算、共享信息、移动计算就显得尤为重要了。

（1）分布式计算。分布式计算是将计算功能分布到企业各职能部门和知识工作者的计算机上的一种环境。分布式计算产生的前提是智能手机、电脑、笔记本及小型服务的普遍存在，这些独立的单元可以独立运转，为分布式计算的实施提供了良好的基础。在分布式计算过程中，采用不同的技术架构来实现分布功能，如使用继承中间件，实现了不同的计算机之间信息的交流与共享。

（2）共享信息。如果说分布式计算强调分散，共享信息则有将信息聚拢起来的意味，共享信息是指组织将信息放置在一个集中平台上，在这一平台上，任何人都可以从中获取有用的信息。例如，企业运行模式中，各销售部门的员工可以获取产品的制造信息、宣传信息、订单信息等，帮助销售人员第一时间解答客户，为达成订单提供信息支持。再如，在学校管理系统中，教育处可以通过网络获得财政部门的信息，方便学生办理助学贷款及申请奖学金等。为了方便信息管理及运用，大多数的企业、学校、组织都会保留历史数据，这样就形成了庞大的数据库。所以当前数据库已经承担起储存数据、共享信息的强大功能。

（3）移动计算。移动计算是一个广义的术语，通过无线连接完成数据的传输及信息的共享，它描述了实用技术进行无线连接以及集中式的地点信息和应用软件的能力。例如，移动商务描述了利用移动电话、PDA、上网本、笔记本电脑等无线设备进行的电子商务。利用这些无线设备，用户在飞机场候机时也能共享股票实时行情、关注天气情况、休闲娱乐、处理公务等。与固定的网络计算相比，移动计算的优势主要包括移动性、网络条件多样性等。如今的商业是全球化的，已经打破了地理界限。我们所需要的是，无论在哪里都能移动计算和无线获取信息及软件。

通过分布式计算、共享信息、移动计算等，建立起计算精准、通信能力较强的环境，促使环境与人的融合，使得人在信息环境下随时随地获得数字化服务，使得生活更轻松，工作更高效。

（二）信息化概述

1. 信息化的概念

信息化已经成为全世界普遍关注和竞争的焦点。信息化依托现代通信技术、网络技术、数据库技术，通过计算机媒介来发展生产力，改变了原有的生产模式，在社会和经济的各个方面形成了深刻的变革，推动人类社会物质文明和精神文明的建设。信息化工作主要分为六大部分：

（1）信息资源。信息资源是人类主要资源之一，与材料资源、能源资源组成人类三大资源。信息资源的明显优势在于，材料资源和能源资源大多数是不可再生、不可共享的资源，而信息资源可以再生、可以共享，是现代生产中高效、环保的资源，大大减少了材料与能源的浪费。

（2）信息网络。信息网络也叫作"信息高速公路"，其全称是"国家信息网络"，国家信息网络是国家网络建设的重要基础设施，信息网络为信息资源开发、利用、应用提供了基础。信息网络由电信网、广电网和计算机网组成，未来三网的发展方向是互相融通、取长补短，不断融合提升信息网络建设的质量及效率，实现三网合一。融合发生的领域涉及电子商务、影视制作、线上教学、远程医疗等，三网融合要实现的目标是电信终端的智能化、计算机终端的家电化，真正方便了人们的生活及生产。

（3）信息技术应用。信息技术有巨大的潜力，关键环节是转化，所以信息技术应用成为国家信息化建设的主阵地，国家信息化建设的任务加快信息技术的成果转化，成为稳定的生产力，运用到社会生产的方方面面。要抓紧、抓好重大信息化工程，特别是电子商务等跨部门、跨行业、跨领域、跨地域的信息化工程，如图1-6所示。

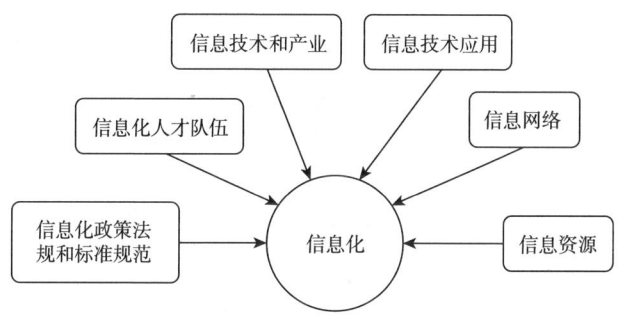

图1-6　信息化体系构建的六大部分

（4）信息技术和产业。为了构建安全有效的信息技术体系，一些关键的信息技术必须走自主研发的道路，所以我国必须加大力度发展自主信息产业，通过增强自我的核心竞争力构建信息技术与产业。随着现代经济的持续、快速发展，对信息化的程度要求越来越高，同时可利用的信息基础设备、信息产品及软件技术的需求量也在不断增多，这些为信息技术的发展提供了巨大的市场，促进我国信息产业的飞速发展。

（5）信息化人才队伍。人才队伍在信息化建设中主要承担的功能是技术开发与智力支持，人才队伍的建设是国家信息化的前提，没有人才的支持，就如无源之水，造成信息化建设的断层。人才需要培养，从教育端加大高技术人才的培养力度，为信息化人才队伍的构建生成新的人力资源。同时，在社会上也要加强信息化的意识，在全社会开展广泛的信息技术和信息能力教育，提升全面的综合素质。对于多门类的信息化人才队伍的建设，要紧随时代发展的步伐，按需培养，培养造就多门类、高水准、多层次的专业信息化人才队伍，建立精干的信息化管理队伍。

（6）信息化政策法规和标准规范。国家建设信息工程，建设的方向及处理问题的依据需要国家构建完善的信息化政策法规及标准化的规范，做到有法可依。信息化政策法规及标准规范的建设涉及信息法、电信法、电子信息产业振兴法、信息管理办法、电子网络管理办法、互联网相关的法律等。当前的信息化政策法规和标准规范存在空白的地方，需要加强立法，另外一些过度束缚信息化建设的法规已经过时，需要及时更新。

2．信息化的层次

信息化的层次包括"产品信息化""企业信息化""产业信息化""国民经济信息化"和"社会生活信息化"5个层次，这5个层次存在后面依次包含前面的关系，如图1-7所示。

第一层	产品信息化	产品信息化是信息化的重点，也是信息化基础的基础
第二层	企业信息化	企业信息化是信息化的基础
第三层	产业信息化	农业、工业、服务业等传统产业广泛利用信息技术，实现产业升级
第四层	国民经济信息化	经济大系统内实现统一的信息大流动
第五层	社会生活信息化	包括经济在内的科技、教育、军事、政务、人们日常生活等整个社会体系采用先进的信息技术，建立各种信息网络

图1-7　信息化的五大层次

（1）第一层——产品信息化。产品信息化，一方面是指产品的信息比重在不断上升，物质比重在不断缩减，产品的信息特征往往超过了物质特征；另一方面，越来越多的产品在设计、制作过程中嵌入智能化的元素，使得产品的信息化程度不断提升，而产品的信息处理能力也在不断提升，如智能空调、智能微波炉、智能洗衣机。

（2）第二层——企业信息化。企业信息化包含企业运营的各个环节，尤其在产品的设计、开发、生产、管理、经营等环节上，利用信息技术的优势，置办信息装备，利用信息人才来实现企业管理、生产的信息化，这是现代企业发展必须建立的系统。

（3）第三层——产业信息化。企业的信息化衍生出了与之对应的产业的信息化进程。产业的信息化涵盖着农业、工业、服务业等产业，在升级的实践

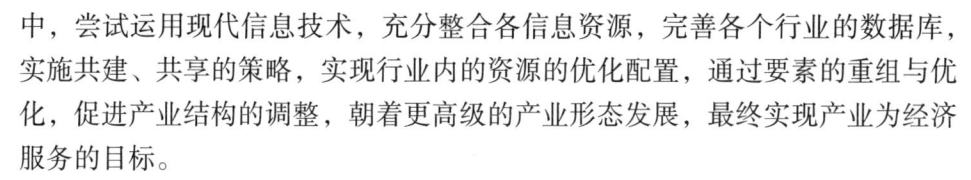

中，尝试运用现代信息技术，充分整合各信息资源，完善各个行业的数据库，实施共建、共享的策略，实现行业内的资源的优化配置，通过要素的重组与优化，促进产业结构的调整，朝着更高级的产业形态发展，最终实现产业为经济服务的目标。

（4）第四层——国民经济信息化。产业的发展带动经济的发展，一般来说，各行各业如金融、贸易、投资等组成大的信息系统，围绕生产流通、分配、消费展开，实现整个国民经济的信息化，促进国民经济高效、持续、稳步发展。

（5）第五层——社会生活信息化。社会生活信息化涵盖的领域较广，涉及经济、科技、军事、教育、政务、日常生活等整个社会体系，各领域运用现代信息技术，建立起各种各样的专门网络，形成整个社会体系的网络化构建，方便大众的生活、工作和学习。

（三）信息技术运用于教学领域

信息技术运用到现实的领域中，促进了相关产业的升级。信息技术运用于教学上，主要有以下几个方面的优势。

1. 拓展了课堂教学的信息量

信息技术可以通过网络获得更多的知识拓展，教师可以利用信息技术手段在短时间内为学生提供大量的感性、前言材料，转化为各个阶段的知识，丰富学生的感性认识，促进其迈向理性认识。例如，在讲授物理知识中力的知识点的时候，"力的作用是相互的"描述是抽象的，可以在网络上搜索一些特写镜头，像划船、溜冰、跳远等镜头，观察运用的情况，可以加深对力的相互作用的影响，这样可以使学生获得更多新鲜的知识，其学习的积极性迅速被激发出来，有利于快速掌握知识点，提升教学效率。信息技术的运用可以突破时间和空间的影响，使教师可以从网络中灵活选取适合讲述知识的案例，促进知识点的掌握。

2. 有利于知识的多角度展示

在教学活动中，一些知识较为抽象，而有限的教学条件无法还原知识本身，所以这些抽象的知识很难被学生掌握。信息技术的运用由抽象性转变为具体性，静态的知识通过信息技术转化为动态的结果，促使知识更直观地表现出来，以便学生理解。信息技术的运用还表现在将动态的知识静态化，便于细节描述，如机器运转的过程，由于转速非常快，看出其运行轨迹，通过慢镜头技术的处理，可以将动态的画面静止，观察其转动的规律，促进知识的掌握。

信息技术还可以实现从微观到宏观的转化，如分子，用肉眼看不到，需要借助信息技术将分子通过图片的形式表现出来，通过展示分子之间的运动来解释装着油条的袋子隔着塑料袋也会渗出油分子。借助信息技术，可以为学生打开微观知识的大门，通过培养学生微观的想象能力，将模糊的知识清晰化，这样可以掌握更多的知识，为教学难点及重点的突破奠定了基础。

3.可拓宽课堂教学空间

其主要体现在信息技术手段的运用可以提高课堂教学的效率。比如在实验课上，教师对实验的步骤及需要注意的事项打在多媒体上，学生可以通过大屏幕上的提示完成实验步骤，并轻松注意到教师着重强调的地方。传统的教学需要教师边教学边示范边讲解，学生容易遗漏注意事项，与传统教学相比，运用信息技术手段，可以节省大量的时间，大屏还能让学生更清楚实验的细节，为顺利完成实验，掌握知识奠定基础。

对于课本中的图片，可以把它们扫描存储起来，在做幻灯片或者对书上某个知识点提问时很方便地应用，对化解知识难点、化抽象为形象、化静态为动态，提高课堂效率很有帮助。

4.有利于培养学生创新思维

信息技术的运用还有助于提升学生的思维能力，主要表现为信息技术手段为学生提供了反思性的学习环境与学习工具，可以激发学生自我探索的欲望，促进学生批判性思维、创造性思维的形成。现如今，教师要挖掘学生的自主思考与创新的能力，培养他们创造性的思维，而信息技术为教师培养学生的能力提供了条件，现代网络的使用可以让学生根据需要自助查找解决的方法，在遇到困难的时候还可以及时与同伴、老师互动，激发学习的积极性。

信息技术还弥补了传统教学手段的局限，促进多元的教学模式的拓展，在教和学上拓展了空间，提高了教学的效率。运用信息技术手段开发出的全新的教学模式，更加注重学生创新能力的培养。在使用信息技术的过程中，还要把握信息技术的运用程度，即根据教学的实际情况展开，结合学生的认知来合理运用信息技术，不能过分依靠信息技术，忽略了教师的引导角色，所以要使信息技术最大限度奏效，还需要教师的综合运用能力，将信息技术作为辅助性手段来进行教学活动。

二、信息化在职业教育中的应用

(一) 智慧职教

1. 智慧职教的内涵

智慧职教，即现代信息技术手段运用到职业教育的管理及教学中。从概念上讲，智慧职教与智慧校园存在着相同之处，智慧职教是智慧校园构建的一个分支，是数字职教发展到一定阶段之后的升级转台，昭示着数字职教的发展进入一个更高的阶段。

智慧职教是指通过利用云计算、虚拟化和物联网等新技术来改变全校师生、工作人员和校园资源交互的方式，将学校的教学、科研、管理与校园资源和应用系统进行整合，以提高应用交互的明确性、灵活性和响应速度，从而实现智慧化服务和管理的职教模式。

2. 智慧职教的特征

智慧职教有三个核心的特征：

（1）具有个性化的特征，为教师及学生提供一个智能化的平台，在平台上可以获得信息及服务。

（2）将现代信息技术引入学校的各个领域，包括管理、学习、教学等领域，实现校园服务的提升，实现互动与协作。

（3）通过智能化手段及综合信息服务平台，将校园与外部世界连接在一起，相互交流。

智慧职教的基石是前期数字职教的建设与发展，包括智慧教学、智慧环境、智慧管理、智慧分析，如图 1-8 所示。

智慧职教需要建立一个基础设施平台，要具备一个流畅的网络环境，实现有线和无线的双网覆盖。另外，智慧职教还要建立数据共享平台、信息服务平台。

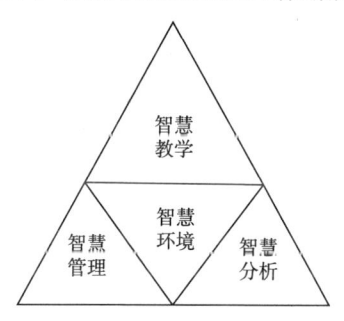

图 1-8 智慧职教的组成部分

3. 智慧职教相关应用

（1）智慧职教的平台设计。智慧职教的平台设计包括管理平台、服务平台。

第一，智慧职教的管理平台的构建是为了实现高效、便捷的管理，包括教务管理、财务管理、学生管理、后勤管理、校园安全管理等多个子系统。这些系统的构建是为了方便校园日常的管理，将各管理模块综合在一起，方便宏观管理，促进各部门的及时沟通，同时节省了管理成本，实现高效办公。

第二，智慧职教的服务平台的子平台包括校园管理服务平台、校园科研服务平台、校园生活服务平台。其校园管理服务平台的构建，实现了校园社交、通信、办公、安全等的全方位覆盖。其校园科研服务平台的构建，实现了科研信息的共享，同时还提供了硬件与软件的支持，提供了现代科研资源。其校园生活服务平台主要为师生的日常生活服务，涉及用餐、水电、图书结缘、社交活动、娱乐上网、医疗健康等，都需要满足人性化的设计。

智慧职教目前处在实践阶段，职业院校与普通高校处于同步建设之中，存在着大量的问题，需要不断完善，大力发展。

（2）"8字螺旋"与夯实诊改。《教育部办公厅关于建立职业院校教学工作诊断与改进制度的通知》中提出："以诊断与改进为手段，促使高职院校在学校、专业、课程、教师、学生不同层面建立起完整且相对独立的自我质量保证机制。"随着信息技术的发展及各个领域的深度应用，相应的教学诊改工作也在深化其技术运用，表现为教学诊改服务平台的诞生。其中以"8字型质量改进螺旋"（以下简称"8字螺旋"）为代表。

教学诊改工作的起点是两大链条——目标链和标准链，目标链和标准链打造完成之后，需要建立并运行"8字型"质量改进螺旋，涉及学校、专业、课程、教师、学生五个层面。"8字螺旋"包含事前计划建标、事中实时监控、事后诊断改进的完整过程，通过事后改进对事前设计进行修正，从而实现工作质量的螺旋上升，这是每项工作实施诊改的基本程序。

"8字螺旋"由静态与动态的两个螺旋叠加而成。

静态螺旋的工作流程包括：目标—标准—计划—组织—实施—诊断—激励—学习—创新—改进。静态螺旋主要反映主体通过自身的诊断，促使知识创先，形成较为完善的改进方案，静态螺旋也称为结果性诊断。

动态螺旋是指在质量生成时，通过数据监测，及时改进和调整的过程，在动态螺旋中不涉及目标或者标准的调整，因此也称为过程性诊断。

静态与动态需要组成一个整体来参与教学诊改，不仅重视过程的诊改，也注重结果的诊改，如图1-9所示。

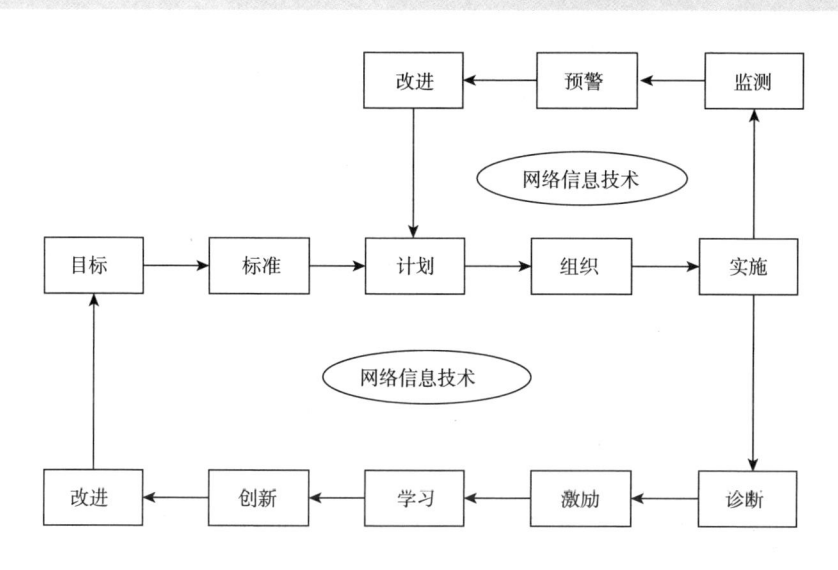

图 1-9 "8字螺旋"流程

"8字螺旋"的起点是自主设定的目标，在明确了目标与标准之后，将重点集中在过程上，加大对过程的实时监测、预警、决策等技术的掌握。这些技术需要借助大数据中心及信息化平台的构建。"8字螺旋"革新了工作流程，依靠信息化技术来改善全校师生的工作方式、工作流程，实现学校的质量提升。

（二）企业竞争模拟软件

企业竞争模拟主要通过现代计算机技术模拟企业的竞争环境，为参加者提供模拟的经营练习。我国利用计算机来进行企业竞争模拟是从20世纪80年代开始的，目前应用的是北大企业竞争模式系统Bizsim，其优势主要为：①国内最领先的企业竞争模拟系统，具有领先的算法及软件用户界面；②增加了人机对战部分，便于学生练习；③增加教师点评的工具，便于教师课后的反馈；④增加辅助计算工具，帮助学生进行计算，提高精确度；⑤采用中英文教学，具有国际视野。

当前北大企业竞争模式系统Bizsim的操作，如图1-10所示。

北大企业竞争模式系统Bizsim是信息技术运用在职业教育中的一个经典案例，通过系统的操作，不仅可以使学生获得综合应用管理知识，还能培养协作精神，进一步加强团队合作，为未来投身实战打下了良好的基础。

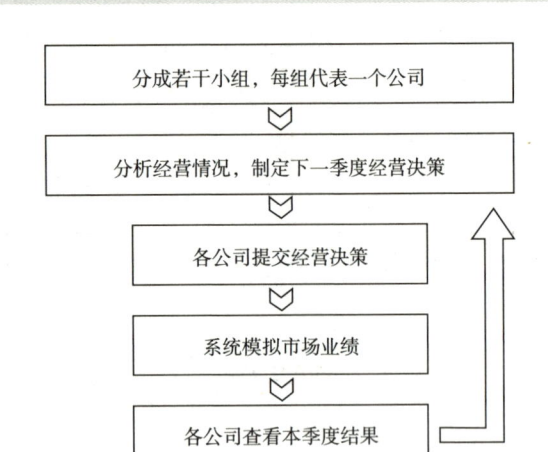

```
┌──────────────────────────────┐
│  分成若干小组，每组代表一个公司  │
└──────────────┬───────────────┘
               ▼
┌──────────────────────────────┐
│ 分析经营情况，制定下一季度经营决策 │
└──────────────┬───────────────┘
               ▼
┌──────────────────────────────┐
│     各公司提交经营决策          │
└──────────────┬───────────────┘
               ▼
┌──────────────────────────────┐
│      系统模拟市场业绩           │
└──────────────┬───────────────┘
               ▼
┌──────────────────────────────┐
│     各公司查看本季度结果        │
└──────────────────────────────┘
```

图 1-10　北大企业竞争模式系统 Bizsim 操作流程

三、推进职业教育高端发展

所谓职业教育的高端发展，是转变职业教育的落后的发展模式，建立起高水平的学校及专业群，建设与世界接轨的高职院校，实现职业教育的快速发展。

（一）"双高计划"

2019年，教育部发布了《关于实施中国特色高水平高职学校和专业建设计划的意见》（以下简称《意见》），集中力量建设一批中国特色高水平的高职学校、高水平的专业群，简称"双高计划"。规定从2019年开始，以五年为一个周期，"集中力量建设50所左右高水平高职学校和150个左右高水平专业群，打造技术技能人才培养高地和技术技能创新服务平台，支撑国家重点产业、区域支柱主业发展，引领新时代职业教育实现高质量发展"，争取在2035年，建成一批高职学校及专业群达到国际先进水平，形成具有中国特色的职业教育发展模式。

"双高计划"需要信息化建设的推进，需要信息化建设从以下几个方面着手。

1. 促进学校管理水平的提升

信息化技术有效提升了高校的内部管理的效率，主要表现为：

（1）运用大数据技术，构建数据中心、运维管理。各部门在充分搜集数据的基础上,对教育数据开展分析评估模型、及时更新信息、实现共享、加大决策力度、确保信息安全等。

(2)优化学校管理系统、教学系统、科研系统等,将这些系统纳入统一的平台进行管理,这样就形成了全景业务大数据平台,促进职业院校开展智慧职教管理。

(3)加大学校各部门之间的联系,努力向外界提供一站式服务平台,提升效率及效能。

2.数字经济催生职业教育的新兴专业

在数字经济的引领下,新的技术为人们带来了全新的体验,随之而来的是大量的新职业,当前新职业主要集中在高新技术产业及新兴产业、现代服务业。这些新的职业将需要大量的技能技术人才,需要高等院校设立新兴专业,培养更多行业需要的人才。在高等院校中,高职院校成为培养专业型人才的主阵地,促进信息技术的运用,推进信息技术升级传统产业,升级为新兴专业。

除了以上两点外,信息化还推进了职业教育信息资源的共建共享,利用信息化建设智慧课堂及虚拟工厂推动混合式教学的发展等。信息化促进"双高计划"的开展,也推动了高职院校的各方面建设,有利于职业教育的高端发展。

(二)广东省深圳市的职业教育高端发展举措

2020年,教育部会同广东省人民政府将深圳列为国家职业教育改革市域试点,联合印发《教育部 广东省人民政府关于推进深圳职业教育高端发展、争创世界一流的实施意见》(以下简称《实施意见》)。《实施意见》计划到2021年,累计投入100亿元来加大职业教育的发展,未来的三年将加大职业教育学位的设置,将新增1.8万个职业教育学位,这昭示着国家专心搞职业教育的决心及力度[1]。其中,所实施的与智慧职教相关的举措主要包括以下几个方面。

1.建设智慧教育平台

建设深圳职业教育大数据中心,筹建产教融合大数据国家级平台,促进职业教育供给侧与产业需求侧精准对接,推进职业教育治理体系和治理能力现代化建设。建设中国南方智慧职业教育研究基地,加强人工智能时代职业教育

---

[1] 读创:《投入100亿元!深圳未来三年将新增职业教育学位1.8万个》,(2020-04-19)[2021-08-23]。

发展战略和模式研究。充分发挥深圳 5G 独立组网的先发优势，全面推进 5G 智慧校园建设，加快改造学习空间，建设智慧教室、智能学习体验中心、AR/VR/MR 实训室等，高标准打造泛在智慧学习环境。完善深圳终身学习平台，推行"互联网＋培训"模式，推进终身教育教学资源库共建共享，开发未来课堂、移动 APP 等学习终端，实现人人皆学、处处能学、时时可学。到 2022 年，深圳全部职业学校建成 5G 智慧校园，创建国家级智慧教育示范区。整合利用职业学校教育资源，有效发挥职业教育在技能提升、创新创业、家政服务等领域的优势，为全民终身学习提供多样化选择。

2. 加快课程数字化改造

建设深圳云端学校，集资源、教学、教研、评价、管理为一体，汇聚职业学校优质课程资源、师资资源，提供全方位立体式智能教学服务，扩大优质资源开放共享。加强在线课程建设，有计划、有目标地建成一批辐射力度强、影响力大的职业教育在线精品课程。加大 MOOC/SPOC/ 微课、VR/AR/MR 课程的建设力度。加强对虚拟仿真实验、实训课程项目和资源的开发。适应人工智能时代职业成长要求，将大数据、5G、人工智能等新技术有机融入课程体系，提升学生数字素养。

3. 深化教与学方式的变革

以大数据、人工智能技术为手段，开发多维度综合性智能评价系统，建立智慧学习教学管理体系，探索"一人一课表"，实行个性化培养。实施"人工智能＋课程"变轨超车工程，重点培育 20 个人工智能转型职教改革创新标杆项目，通过创新教学场景，再造学习流程，实施学情分析、学习干预，探索线上智能化学习。积极运用现代信息技术手段，构建现代课堂，以学习者为中心，推行基于数字化学习资源的个性化教学模式。推动教师转型发展，重构教师角色，提升教师的数字化教学设计与授课能力。

深圳的职业教育致力于打造现代智慧职教，构建职业教育新生态，其构建的目标是朝着国际化先进水平的程度打造，大力发展本科及本科以上的职业教育，未来将建成高标准的职业教育园区及一批新型的职业院校，为我国职业教育的发展提供发展的蓝本。

第二章　职业教育创新持续发展

第一节　当代职业教育的特征及功能

一、职业教育的概念

职业教育是一种复杂的教育活动，对其概念的认识也是复杂多样的。下面将从广义、狭义、外部、内部四个角度对其概念进行归纳和分析。

（一）广义角度

从广义的角度分析，职业教育包括三个层面的含义。

第一层面：所有的教育、培训都具有职业性质，能指导就业及职业规划，凡涉及教育，都会影响个人的就业及职业规划。

第二层面：职业教育和培训的范围极广，包含了所有类型的技术传授。

第三层面：职业教育涉及的相关知识、技术、技能等，学习的方式有很多种，既可以家族传承，也可以在学校学习，还可以就业之后在单位进行。

（二）狭义角度

从狭义的角度分析，职业教育也包括三个层面的含义。

第一层面：职业教育的目的是培养高技术人才，秉承工匠精神，培育适合社会发展的技术人才。

第二层面：与普通教育相比，职业教育强调的是技能方面的培训，以培养专门的技术人才为主，在教学内容上也偏重技能之类的知识与技能的学习。

第三层面：职业教育反映的是教育体系的结构与分工，职业院校与普通教育相区别，重点培养技术人才。

显然，广义的职业教育概念较大，未能突出职业教育的明显优势，使得职业教育与其他类型的教育没有了本质的区别。狭义的职业教育概念又把职业教育的范围局限在了单纯的培养技术型人才上，因此，广义和狭义的概念都没有真实地反映职业教育的本质。

（三）外部角度

2001年，联合国教科文组织《修订的关于技术与职业教育的建议》认为："技术与职业教育"是综合术语，概括了职业教育的教育过程不仅涉及普通教育，还涉及与经济、社会生活各方面相关的技术与科学，包括在学习过程中获得的实际技能、态度、理解能力及知识。在《修订的关于技术与职业教育的建议》中还指出技术与职业教育进一步被理解为：

普通教育的一个组成部分；

准备进入某一就业领域以及有效加入职业界的一种手段；

终身学习的一个方面以及成为负责任的公民的一种准备；

有利于环境的可持续发展的一种手段；

促进消除贫困的一种方法[1]。

教科文组织所提出的上述概念，主要阐释的是职业教育与外部环境的关系，展示的是职业教育的外延及在整个教育体系和社会体系中的作用。从政府层面来看，这样的定义，会促使政府关心职业教育，加大力度构建职业教育体系，大力发展职业教育。从长远来看，发展职业教育会充实实体经济的建设，进一步促进经济的发展。

---

[1] 联合国教科文组织：《修订的关于技术和职业教育的建议》，（2020-08-28）[2020-08-24]。

（四）内部角度

从内部看，职业教育应当区别于普通教育，彰显其独特性。有学者认为，职业教育是一种独特的教育类型，高职院校的构建应当遵循职业教育发展的规律，体现职业教育的价值和功能❶。之前，对职业教育的看法常采用区别对待的方式，一般将职业教育作为普通教育的补充教育，常常被看成低于普通学校的二等教育，致使职业教育的发展缓慢。还有的学者认为，职业教育的目的就是培养技术型人才，并将职业教育的概念概括为五点：

（1）职业教育首先是教育的一种类型。

（2）职业教育培养人才的目的是培养技术型人才，而不是培养所有行业的人才。

（3）职业教育应当视为第三服务业，其宗旨是为技术型人才提供优质的教育服务。

（4）职业教育并不是凌驾于普通教育之上的特殊的教育，而是建立在普通教育之上的特别的教育，因此技术人才在掌握专业技术的同时，相关的通识教育也需要学习，且两者是同步进行的。

（5）职业教育的培养目标也具有层次性，分为技术应用型与技术技能型两大类❷。

职业教育作为教育的一种类型，具有独特性：在课程方面，职业教育主要以就业为导向，所开展的课程都是围绕未来岗位的工作内容及能力进行培养。在教学方面，基于产教融合模式下的人才培养模式加强了教育链、人才链、对接产业链与创新链。在教师素质要求上，教师应具备专业素养及职业实践能力，教师要成长为不仅具有深厚的理论知识，还具有丰富的实践经验，成为"双师型"教师。在学生评价方面，目前我国实行的是职教"1＋X"证书制度试点，未来，等级证书将成为检验学生能力的评价标准。在教师评价方面，教师要转变工作重点，朝着课程开发及教学运用上发展，以就业为终极目标，培养技能＋能力的专业人才。在管理制度方面，要发挥地方职业院校的优势，加大特色项目的跟进工作，利用校企合作的模式优化专业人才培养，逐步建立起符合职业教育规律的特色的管理制度。在教育体系方面，职业教育是横向结成体系，普通教育纵向自成体系，共同构建具有中国特色的社会主义教育体系。

---

❶ 姜大源：《职业教育学研究新论》，北京，教育科学出版社，2006。

❷ 欧阳河：《职业教育基本问题研究》，北京，教育科学出版社，2006。

通过以上职业教育广义、狭义、外部、内部的剖析，可以看出，职业教育属于终身教育的一部分，它担任着全面教育的重任，以培养专业技能人才为主要目标。职业教育的人才培养以职业需要为导向，通过学习应用性较强的知识与技能，掌握必要的职业技能、知识、态度、情感，获得具有竞争优势的能力。其中，职业教育相关的证书成为检验学生能力的一项评价标准。现代职业教育对人才有了更高的要求，所培养的技术应用型人才及技能型人才，需要具备一定的理论技术、实践技术、心智技能、运动技能，还要有终身学习的能力，促进知识的转化，形成更多的创新成果为各行各业的发展做贡献。

二、职业教育的特征

《中华人民共和国职业教育法》明确提出："职业教育是国家教育事业的重要组成部分，是促进经济社会发展和劳动就业的重要途径。"[1]《中国教育改革和发展纲要》也提出："职业教育是现代教育的重要组成部分，是工业化、社会化和现代化的重要支柱。"[2] 职业教育的培养目标是培养各类专业性人才，为社会培养各类实用人才，因此，职业教育具有双重属性。首先，职业教育具有普通教育的一般属性，职业教育承担着培养人的教学及实践活动，是培养人的社会活动。其次，职业教育又具有其他教育没有的独特的属性，即职业教育为社会发展培养人才，一般来说，区域发展需要什么样的技术人才，职业教育就培养什么样的技术人才。职业教育是为学生的就业服务的，与普通教育相比，职业生涯具有确定性，正是职业教育的双重属性，确定了职业教育在教育体系中独特的地位。职业教育的独特性，表现在以下几个方面。

（一）职业教育的目的性

我国近代职业教育的创始人、理论家黄炎培先生曾经说过，职业教育一方面是"使无业者有业，有业者乐业"，即使没有职业的人有了职业，使有了职业的人有了为之奋斗的职业；另一方面，职业教育"为己谋生，为群服务"，对个人来说，职业教育解决了人生存的问题，为人们提供了安身立命的职业，职业教育对于群体而言，更是一项基本的服务，是促进能力提升的重要手段。中国的教育学家晏阳初先生也曾提出职业教育的功能是"治愚""治穷""治

---

[1] 全国人民代表大会常务委员会：《中华人民共和国职业教育法》，（1996-05-15）[2021-08-23]。

[2] 中华人民共和国教育部：《中国教育改革和发展纲要》，（1993-02-13）[2021-08-23]。

弱""治私"等。以上论述揭示了职业教育的明确的目的性。职业教育发展到现代，其功能发生了转变，但职业教育的初衷仍然是为社会主要现代化服务，为经济发展的需要服务。职业教育直接服务于企业、行业的发展需要。职业教育在当代的发展需要遵循社会的需要，只有按需培养人才，迎合市场发展规律，才能得到政府的肯定与支持，职业教育要坚守服务的功能，离开了服务，也就失去了其存在的意义。

（二）职业教育的技术、技能性

当前社会发展需要的人才主要分为五类，即学术型人才、工程型人才、技术型人才、技能型人才、复合型人才，见表2-1。

表2-1 五类人才及特点

类型	特点
学术型人才	从事学术研究的人才，也就是理论研究的人才。其研究的内容主要是发现与研究客观的规律，学术型人才需要具备创新精神及独立研究的能力
工程型人才	侧重工程或产品的设计、规划、决策，能促使工程或产品从抽象的概念变为物质形态。一般来说，工程型人才需要具备一定的理论基础，拥有较广的知识面，具有解决实际问题的能力
技术型人才	通过学习接受某方面技术知识，具备该专业技术能力的人员。技术型人才是既有一定知识理论又有实力操作经验的人才。比如电脑技工、机修技工、驾驶技术人员、钳工、厨师等
技能型人才	具有职业技能、职场应变能力、专业创新能力的人才。技术型人才与技能型人才主要的区别是技能型人才主要依靠技能进行工作，除了具备专业的知识外，还要具备解决突发性情况的能力
复合型人才	介于技术型人才与技能型人才之间的人才，根据国家职业资格等级标准，其包括技师和高级技师两个等级

当前，我国的人才培养以普通高等院校培养学术型人才、工程型人才为主，高职院校以培养技术型人才、技能型人才为主，未来，职业教育将重点培养复合型人才。

职业教育的本质特征是职业教育在设定教学内容的时候，就规定了相关的知识与技能内容，这些内容是根据社会经济发展的需求制定的，是为一线的岗位服务，培养具有技术、技能的复合型人才。之后职业教育的课程目标、教学计划、培养目标都是以岗位的实际需求为导向，培养知行合一、手脑并用、兼具技术与技能的复合型人才。当然，在强调职业教育的技术技能属性的时候，职业教育同样需要重视学生的综合素质及职业能力的培养，其中包括民族精神、职业道德素养等，在学生阶段，将学生的知识、素质、能力打牢，走向岗位的时候就游刃有余，能将学到的知识和技能运用到新的环境中，促进工作效率的提升。

（三）职业教育的社会性

从社会本位理论来看，教育具有社会功能，主要表现为教育的目的是教育青年一代社会化，是促进"个体我"向"社会我"转化的过程。同样职业教育也具有社会性，主要表现在两个方面：

一方面，职业教育培养出的人才是为了适应社会发展的需求，是"社会我"的不断完善；另一方面，职业教育的发展速度、规模及所需的人才类型受社会发展的需求影响。

因此，职业教育属于社会约束型教育，社会经济发展过程中遇到的结构的调整及行业的波动都会影响职业教育的变革。当前，我国有些地方的发展忽视这一规律，只是一味地扩张，导致职业教育培养的人才与社会需求脱节，造成人力资源的浪费。随着经济发展的各个因素的变化，也影响着职业教育的招生及就业，如一些职前及职后的培训机构发展过多，与职业教育形成了激烈的竞争；职业教育的专业设置不够合理或者专业就业范围过窄导致难就业；新兴产业的技术要求提升要求高质量人才等，这些都影响着职业教育的发展。所以，职业教育的发展，需要紧跟社会发展的大潮流，紧密与经济、生产相联系，及时调整职业教育的发展模式，积极开展校企合作及产教融合项目，真正服务于高科技技术领域，发展职业教育在新时代的积极影响。

三、职业教育的功能

职业教育目的的演变大致经历了三个阶段：
第一个阶段——产业革命之前的生产教育阶段；
第二个阶段——产业革命至 20 世纪 80 年代的技术教育阶段；
第三个阶段——20 世纪 90 年代以后的人的全面发展阶段。

总体来说，职业教育是教人学会生存的社会活动。它应该使受教育者在科技教育与人文教育方面得到全面发展，成为有职业道德，有职业技术，有较高文化知识的社会所需要的应用型、实用型、职业型的劳动者。我国职业教育的目的具有三个特点，如图2-1所示。

全面发展	复合型人才	满足不同层次的人才需求
要求教育对象在德、智、体、美、劳方面得到全面发展，成为有一技之长的高质量、综合性人才	培养一线工作的复合型人才，培养的人才分布在生产一线，可以将成熟的生产技术和管理规范运用到具体操作或服务中	培养出初等、中等、高等三个层次的人才，满足社会对不同层次人才的需求

图2-1 职业教育目的的特点

（一）实现人人就业

1. 职业教育是就业教育

职业教育在教育体系中占据越来越重要的地位，职业教育的发展经历了一个漫长的过程，从复制大学教育到就业教育，再到兴办让学生满意就业的职业教育，我国的职业教育体系越发成熟，这不仅解决了大批量学生的就业问题，也为企业提供了大量合格的人才，促进了社会经济的快速发展。

职业教育，作为教育的重要补充形式，肩负着为社会和用人单位输送专业人才的责任与使命。如果说高等教育培养的是研究型人才的话，那么职业教育培养的则是兼具技术、技能的复合型人才。以互联网职业教育为例，目前互联网行业用人市场存在巨大缺口，用人单位和互联网企业急需一批高质量的员工，然而高等教育人才培养周期的固定性就决定了互联网行业人才缺口问题难以解决，所以互联网职业教育就成了解决这一问题的核心。职业教育因其技术性更强，突出特色人才培养成为学校的一种好的方法和学生们热门的选择。

与大学教育不同的是，职业教育的目标很明确，就是让学生满意就业；而对于互联网职业教育来说，让学生达到心仪职位和企业的要求，便是核心任务。与传统的大学教学相比，职业教育人才培养周期相对较短，针对性更强，不仅能够及时满足用人单位的用人需求，而且能够保证推荐人才的工作能力和综合素质，为用人单位提供专业人才，为人才寻找合适的单位。

在全球经济高速发展的今天，职业教育必将成为人才培养的重要形式，这源于职业教育的精细化、专业化、职业化。职业教育拥有其他教育无法比拟的优越性：

（1）接受职业教育的学生学习具有针对性，并且学习兴趣浓厚，学生选择的专业是相对感兴趣的专业；

（2）职业教育注重理论与实践结合，实现理论实践一体化，让学生学习理论知识的同时，提供更多的机会动手操作，以此检验理论知识，做到知行合一，促进理论知识转化为操作能力。

（3）职业教育开展的校企合作模式，为学生的实践提供真实的工作环境，促进能力的迅速提升。

总的来说，职业教育就是就业教育，就业贯穿于职业教育的始末，让学生找到理想中的工作成为职业教育的发展目标。

2.职业教育的目的是使人"就好业"

从职业教育的本质上说，职业教育是把受教育对象培养成为具有某种职业能力的劳动者的教育，是培养"职业人"的教育，具有很强的职业性。其主要目的是通过学校职业教育或职业培训使受教育者获得某种职业能力和职业发展潜能，树立正确的职业道德观，在学校职业教育或职业培训结束以后顺利实现就业。

黄炎培先生在谈到职业教育时说："凡用教育方法，使人人获得生活的供给及乐趣，以便尽其对群之义务，此教育名曰职业教育。"职业教育的目标是"使无业者有业，使有业者乐业"。对职业指导的要求是"帮助个人选择、预备、决定及增进他的职业"，使他们能够做到"敬业乐群"和"裕国利民"。黄炎培先生的话，十分明确地道出了职业教育的目的就是使人实现就业。

在长期办学实践中，职业教育在一定程度上存在就业质量不高的矛盾，所以当前形势下，职业教育的重心是从"能就业"向"就好业"转变。为此，国家大力发展职业教育，如推进校企合作，促进产教融合，发展高质量的职业教育，在加强内涵建设的同时实现创新发展。在专业设置与专业方向上，推进紧缺专业岗位人才的需求状况调查，将专业设置与紧缺人才需求相衔接，为社会培养高质量人才。在大的方面上，通过收集国内外行业发展的现状，预测未来发展趋势设置专业，开展新产品、新技术的推广与创新，引导职业教育贴近行业、贴近企业发展。

当前，随着经济大环境的影响，国内的就业压力也在逐年增长，国家出台多项政策来支持职业教育的发展，其主要目的是增强劳动力技能，增加就业。另外，随着我国经济结构的升级及劳动生产率的提升，对劳动力提出了更高的要求，需要职业教育为社会培养更多高质量、合格的人才。所以职业教育的目的就是就业，解决就业，为了"就好业"。

（二）实现社会发展

1. 职业教育能够促进社会不断向前发展

职业教育是社会大系统中的一个子系统。在宏观上，这个子系统通过建立"职业教育—劳动力—就业—生产—社会"这样的线性联系直接作用于社会这个大系统，促进社会向前发展。在微观上，这个子系统通过与社会这个大系统中所包含的其他子系统，如经济、政治、文化、科技等的相互关系及其作用，间接推动社会大系统的发展，如图2-2所示。

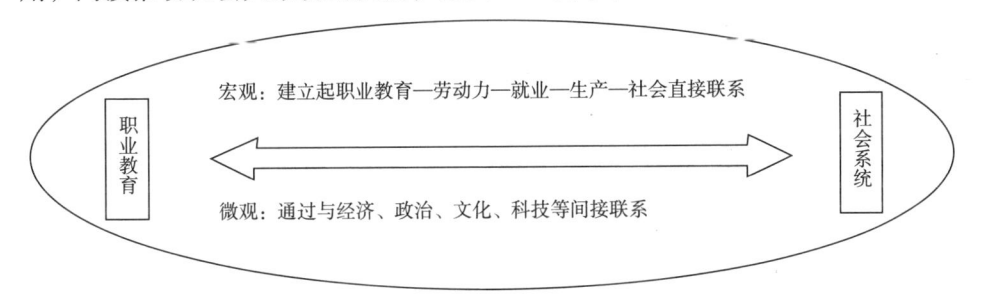

图 2-2 职业教育从宏观、微观上对经济产生影响

（1）职业教育与社会经济的发展有着密切的联系。当经济发展到一定的规模时，社会化大生产的规模也会扩大，需要更多的技术人才，此时需要职业教育培养大批人才投入经济建设中。相反，社会化生产规模小时，相关的技术水平要求低，所需要的技术人员也会变少，此时职业教育与经济发展的关系就比较生疏，那么职业教育对经济发展的推动也会变小。我国目前正在大力发展职业教育，其目的是满足社会需求的大量的高技术人才，这也从侧面反映出我国经济的良好发展势态。

（2）职业教育与社会政治联系紧密。首先，职业教育"进行着社会政治关系的再生产"，对政治关系的巩固与发展有着积极的作用。其次，职业教育通过实施政治素质教育，不断提升职业学生的政治素养，进而影响技术领域人才的政治素养。最后，职业教育在进行过程中对学生实施正向的政治目标、政治思想的宣传，可以为政治舆论的发展提供良好的环境，促使政治目标的达成。我国是社会主义国家，职业院校加入政治课的教学内容，引导学生提高思想觉悟，拥护中国共产党，树立社会主义核心价值观，成为一名合格的社会接班人。

（3）职业教育与社会文化密切相关。职业教育或职业培训通过培养我国文化的承载者，有利于继承我国优秀的传统文化，借鉴和吸收国外优秀的文化，进行我国文化的现代化建设；职业教育或职业培训有利于使受教育者学习、适应并促进我国企业文化建设，从而推动企业文化发展和企业经济效益的不断提高。

2．职业教育为社会培养了大量合格的复合型人才

19世纪下半叶，孔德（Isidore Marie Auguste François Xavier Comte）、涂尔干（Émile Durkheim）、凯兴斯泰纳（Kerschensteiner, Georg）、纳托尔普（Natorp, Paul）等人提出了成熟的社会本位论。该理论认为，教育目的应以社会需要为本，强调根据社会发展的需要为主来制定教育目的、建构教育活动、培养社会人才。

职业技术教育从一开始便与社会的发展紧密相关，人类社会为了一代一代传授生产技术、劳动技能，产生了与生产力发展相适应的学徒制、职业学校教育和职业培训等教育形式，为社会培养了数以亿计的技能型人才。随着社会化大生产进一步发展，社会分工更加复杂，这种分工又要求学校职业教育培养更多的多层次、多规格的技能型人才或技术型人才，以满足社会发展对各种职业技能人才的需求。

改革开放以来，特别是进入21世纪以来，党中央、国务院高度重视发展我国的职业教育，积极推进职业教育事业发展，支持各级各类职业教育办出特点、办出水平。各级各类职业教育学校和职业培训机构也不负众望，响应号召，积极行动，大胆创新，为建设有中国特色的社会主义培养了大批合格的各级各类技能型人才。

据统计，改革开放30年来，我国各级各类职业院校共为国家培养了几千万名毕业生，为城乡劳动者提供不同形式的职业培训。近年来，我国职业教育实现了又快又好的发展，各项工作取得新的显著成绩。

"十三五"期间我国重点建设了197所特色高水平职业院校，培养出大规模的技能人才，营造了皆可成才、人尽其才的良好环境，为经济高质量发展和促进就业、改善民生做出了巨大贡献。

2021年4月，全国职业教育大会在京召开，中共中央政治局委员、国务院副总理孙春兰出席会议并讲话。她指出："坚持立德树人，优化类型定位，加快构建现代职业教育体系。要一体化设计中职、高职、本科职业教育培养体系，深化'三教'改革，'岗课赛证'综合育人，提升教育质量。要健全多元办学格局，细化产教融合、校企合作政策，探索符合职业教育特点的评价办

法。各地各部门要加大保障力度,提高技术技能人才待遇,畅通职业发展通道,增强职业教育认可度和吸引力。"❶

近年来,我国的职业教育发展迅速,高速发展的同时,取得了显著的成就。目前,宏观的管理体制已经建立并逐渐走向完善;教学管理上突出学生的主体性地位,管理更加科学、规范;内部管理上,通过构建智慧职教,实现了各版块的有效衔接,提高了管理效率,工作成效显著。以上取得的成就为职业教育迈上新的台阶奠定了基础。当前职业教育的规模逐年提升,职业院校数量、在校人数、教职工人数、专任教师都有了一定的规模。表2-2为2019年全国职业院校、在校学生、教职工数量统计表❷。职业院校为社会培养了大批有用的人才,促进新兴行业的发展,激活了经济。

表2-2 2019年全国职业院校、在校学生、教职工数量统计

职业教育类别	学校数（所）	在校生数(人)	教职工数(人)	专任教师数(人)
高职（专科）院校 （Higher Vocational Colleges）	1 423	—	699 400	514 436
普通中专 （Regular Specialized Secondary Schools）	3 339	7 035 872	398 632	309 536
成人中专 （Adult Specialized Secondary Schools）	1 032	1 068 475	50 038	37 973
职业高中 （Vocational High Schools）	3 315	4 057 316	339 764	284 754
技工学校 （Skilled Workers Schools）	2 392	3 603 050	271 810	200 737
其他中职机构（不计校数） Other Secondary Vocational Education Institutions	(286)	—	13 048	9 934

数据来源:中华人民共和国教育部2019年教育统计数据

注:"( )"内数据为不计校数

"—"为未统计人数

---

❶ 新华社:《习近平对职业教育工作作出重要指示强调加快构建现代职业教育体系培养更多高素质技术技能人才能工巧匠大国工匠李克强作出批示》,(2021-04-13)[2021-08-23]。

❷ 中华人民共和国教育部:《2019年教育统计数据》,(2020-06-10)[2021-08-23]。

（三）实现人的全面发展

1.人的全面发展的理论

马克思在论述人的发展时指出："以物的依赖性为基础的人的独立性，是第二大形态。在这种形态下，才形成普遍的社会物质变换，全面的关系，多方面的需求以及全面的能力的体系。"马克思关于人的全面发展包含了四个方面，如图2-3所示。

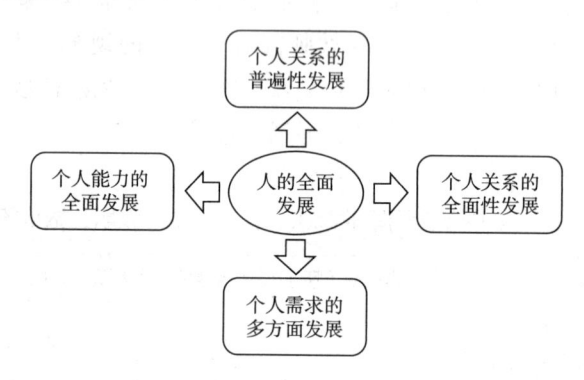

图2-3 马克思关于人的全面发展理论

（1）个人关系的普遍性发展。人的全面发展首先表现为个人与他人建立起联系，进一步扩展了个人活动的空间。在人与人的交往过程中，建立起各种各样的关系，这些关系的建立大大开阔了人的眼界，同时在交往中也锻炼了人的各种能力，为人的全面发展奠定了基础。

（2）个人关系的全面性发展。如果说普遍性体现的是人与人之间关系的广度，那么，个人关系的全面性发展所体现的是人与人之间的深度，即在表层的关系之下，还有各种各样的关系网，如人与社会的关系、人与法律的关系、人与伦理的关系、人与道德的关系、人与思想的关系、人与自然的关系等，这时，人的社会属性得到充分展现。

（3）个人需求的多方面发展。个人需要就是除了物质需要外，个人在社会交往和个人精神生活方面的各种需要，以及个人自我实现和自我超越的需要等。这样一种需要结构，才是全面发展的人或自由个性发展的人所应具有的需求结构。没有这样一个分层级的需求结构，我们就很难发展出一个全面的能力体系，并且很难把自己提升到一个更高的生存境界。

（4）个人能力的全面发展。个人能力的全面发展主要是指人的劳动能力、管理能力、社交能力、科研能力和艺术创造能力等的全面发展。如果从抽象的意义上讲,个人能力的全面发展就是个人在德、智、体、美、劳五个方面能力的全面发展,也就是个人创造物质价值、社会价值、精神价值和人的价值能力的全面发展。

2. 职业教育是为了实现人的全面发展

人的全面发展是人类全面发展的终极目的,同时是教育的最终归宿。要实现人的全面发展,教育是重要手段之一。学校教育可以培养人的德、智、体、美、劳等方面的素质,实现人的能力的全面提升,不仅对个人的成才具有积极的作用,放在更大的社会范围内,能促进整个社会的人才质量的提升。所以,教育活动对人类的影响与物质界、制度界的革命是一样的,都促进了人类向前发展,学校在制定教育目的的时候必然将人的全面发展作为追求目标进行发展。

马克思指出:"未来教育对所有已满一定年龄的儿童来说,就是生产劳动同智育和体育相结合,它不仅是提高社会生产的一种方法,而且是造就全面发展的人的唯一方法"❶。

教育与生产实践的结合,贯穿于培养人全面发展的全过程,二者的结合体现了哲学上理论与实践的结合,也是实现脑力劳动与体力劳动有机结合的基本途径。职业教育实现了智力、体力与生产实践的结合。职业教学中,通过学习生产实践所需要的理论知识,进而亲自参与企业的生产中,促进理论知识向实践能力的转化,为培养适合现代化生产需要的人才奠定了基础。职业教育与生产实践的结合,可以满足经济发展过程中对人才的需求,同时促进了人的全面发展。当前世界范围内尤其发达国家十分注重职业教育与实体经济的结合,创造条件为学生提供各种实习机会,促进实践能力的增加。比如现在很多国家将生产实践纳入日常的教学计划中,开发出了合作教育、校企合作、工学结合、半工半读等职业教育模式,这些教育模式组成了职业教育体系的一部分,促进现代职业教育的发展。

我国的职业教育一直坚持着教育与生产实践相结合,包括普通教育、其他教育在内,一贯坚持以上原则。"我们的教育方针,应该使受教育者在德育、智育、体育几方面都得到发展,成为有社会主义觉悟的、有文化的劳动者"❷。1995年颁布的《中华人民共和国教育法》已明确了我国教育的发展需要同生产劳动相结合。这些都充分体现了马克思主义关于人的全面发展的原则。

---

❶ 马克思、恩格斯:《马克思恩格斯选集(第2卷)》,北京,人民出版社,2012:2。
❷ 天津师范学院政史系《毛泽东选集》简介编写组,天津市(一宫)工人政治理论业余学校《毛泽东选集》第五卷读书班:《毛泽东选集》第5卷,天津,天津人民出版社,1977.12。

第二节　新时期职业教育改革与发展

新时期，职业教育作为教育事业的重要组成部分，充当着持续为经济发展输送技术人才的角色，尤其高等职业教育为祖国的建设贡献了巨大的力量，而高等职业教育也经历了从最初的零，到现在的辉煌成就，为经济的发展及社会的进步提供了人才保障与智力支持。

一、我国高等职业教育发展历程

我国的高等教育从无到有，从雏形到今天的现代化发展大致经历的五个阶段[1]，如图2-4所示。

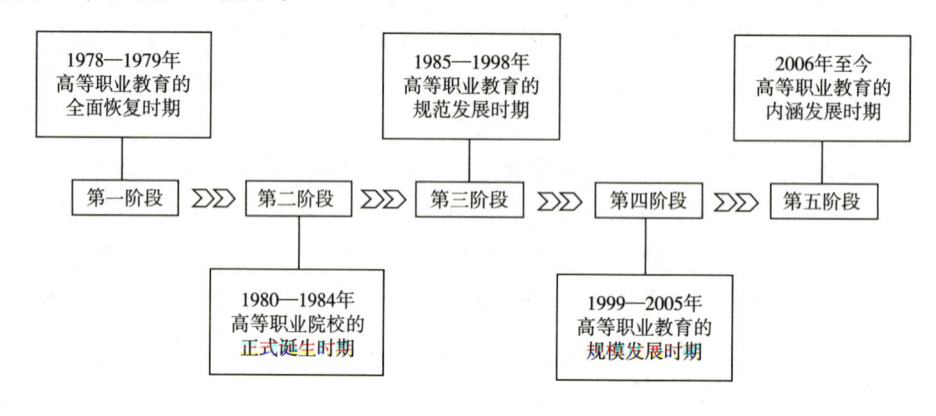

图2-4　高等教育发展历程

第一阶段：1978—1979年——高等职业教育的全面恢复时期

1978年，十一届三中全会召开，党和政府的工作重心转向了社会主义现代化建设，随之而来的是全国范围内的全面恢复与大发展，教育领域也迎来了全面恢复。1977年，高等学校全面恢复招生工作，在第二年又通知扩大招生

---

[1] 夏晓青：《建党百年我国高等职业教育发展历程回顾及展望》，教育与职业，2021(16)：13-20。

名额。这一时期的高等职业教育处在百废俱兴的时期,一大批高职院校恢复与重建中。

第二阶段:1980—1984年——高等职业院校的正式诞生时期

改革开放实施阶段,经济有了明显的回升,对技术人才的需求越来越大,为了促进经济的发展,满足市场需求,国家在1980年建立了13所职业大学,职业大学是中国实施职业高等教育、高等职业技术教育的地方性大学,其目的是培养地区中小企业需要的技术人才,但经济复苏带动的人才的需求仅靠新建的职业大学在短期内见效慢,于是在1982年第五届全国人民代表大会第五次会议上提出了要办一批"花钱少、见效快"的专科学校和短期职业大学,国家在13所职业大学的基础上又批准了33所职业大学。这样短期内培养了大批的技术人才投入经济建设之中。据统计,1980~1984年五年期间,全国共兴办了82所短期职业大学,在校生规模达到1万~2万人❶。这些人才为社会主义大生产提供了大批的人力资源,促进经济的持续、稳定发展。

第三阶段:1985—1998年——高等职业教育的规范发展时期

1.高等职业教育体系的建立

高等职业教育在我国高等教育中占重要地位,其体系经过不断构建、逐步完善,逐步走向规范化。以下表2-3为收集到的关于职业教育体系构建的相关文件。

表2-3　关于职业教育体系构建的相关文件

年份	颁布机构	文件	主要内容
1985年	中共中央	《关于教育体制改革的决定》	逐步建立起一个从初级到高级、行业配套、结构合理,又能与普通教育相互沟通的职业技术教育体系
1991年	国务院	《国务院关于大力发展职业技术教育的决定》	初步建立起有中国特色的,从初级到高级、行业配套、结构合理、形式多样,又能与其他教育相互沟通、协调发展的职业技术教育体系的基本框架
1994年	国务院	《国务院关于〈中国教育改革和发展纲要〉的实施意见》	明确了高等专科学校、职业大学、成人高校、重点中专举办高等职业教育的主体地位

---

❶ 李蔺田:《中国职业技术教育史》,北京,高等教育出版社,1994。

续表

年份	颁布机构	文件	主要内容
2014年	国务院	《关于加快发展现代职业教育的决定》	加快构建现代职业教育体系，创新发展高等职业教育，专科高等职业院校要密切产学研合作，培养服务区域发展的技术技能人才，重点服务企业特别是中小微企业的技术研发和产品升级，加强社区教育和终身学习服务
2019年	国务院	《国家职业教育改革实施方案》	职业教育与普通教育是两种不同教育类型，具有同等重要地位

2.高等职业教育法律地位的确立

为了进一步提升高等职业教育的效率，国家颁布了一系列关于高等职业教育的法律法规，促使高等职业教育的战略地位的确立。之所以制定法律政策，一方面是为了巩固职业教育的发展成果；另一方面，高等职业教育开创了具有中国特色的社会主义实践模式，需要将之纳入法律和规范的范围之内。

职业教育立法于1996年，在第八届全国人民代表大会上，通过了《中华人民共和国职业教育法》，其中规定："国家实行职业教育制度和成人教育制度""职业学校教育分为初等、中等、高等职业学校教育。初等、中等职业学校教育分别由初等、中等职业学校实施；高等职业学校教育根据需要和条件由高等职业学校实施，或者由普通高等学校实施。其他学校按照教育行政部门的统筹规划，可以实施同层次的职业学校教育。"该法律确定了职业教育在法律上的地位，标志着职业教育走向了法治化道路。

1998年，第九届全国人民代表大会常务委员会第四次会议上，又颁布了《中华人民共和国高等教育法》，规定"高等学校是指大学、独立设置的学院和高等专科学校，其中包括高等职业学校和成人高等学校"，进一步确定了高等职业教育的法律地位，标志着我国高等教育法律体系的初步形成。

2002年，第九届全国人民代表大会常委会第三十一次会议上通过了《民办教育促进法》，客观上为民办高等职业院校的合法化提供了法律依据，标志着我国的职业教育法制迈向了新的发展阶段。

3.高等职业教育的结构调整

高等教育发展过程中，面临着结构失衡的问题，为了进一步优化高等职业教育的资源配置，国家实施了"三教统筹""三改一补"的政策，"三教统筹"是指通过统筹高等专科学校、职业大学、成人高校，来大力发展高等职业教育，拓展高等职业教育的发展范围。之后在"三教统筹"的基础上又提出了"三改一补"，其是指在"三教统筹"发展的基础上，通过改建、合并、联办的方式来促进高等职业教育的发展，实现高中后的分流多样化，为社会培养更多、更好的复合型人才。可以说，以上两大措施，优化了我国高等职业教育的结构，为我国高等职业教育的发展指明了方向。

为解决我国高等教育结构失衡问题，优化高等职业教育的资源配置，1994年召开的全国第二次教育工作会议提出高等职业教育发展的"三改一补"基本方针，即"通过现有职业大学、部分高等专科学校和独立设置的成人高校改革办学模式，调整专业方向和培养目标来发展；在仍不能满足需求时，经批准可利用少数具备条件的重点中专学校改制或举办高职班等方式作为补充"。"三改一补"是"三教统筹"的延续和深化，完善了我国高等职业教育人才培养的结构，奠定了我国高等职业教育发展的基本格局。

"三改一补"的方针是高等职业发展史上的一大变革，进一步明确了职业教育的办学主体与发展方向，特别是明确高等专科学校的改革发展方向是转型为高等职业教育，使得高等专科学校与短期的职业大学的关系开始捋顺。

第四阶段：1999—2005年——高等职业教育的规模发展时期

为了加快"科教兴国"的战略，加快高等教育的改革，适应新时期的发展，积极探索高等职业教育的发展途径，教育部、国家计委印发了关于《试行按新的管理模式和运行机制举办高等职业技术教育的实施意见》的通知，其目的主要有以下三点：

（1）促进我国高等教育更好地适应经济建设和社会发展需要，加快培养面向基层，面向生产、服务和管理第一线职业岗位的实用型、技能型专门人才的速度，缓解应届高中毕业生的升学压力；

（2）积极探索以多种形式、多种途径和多种机制发展高等职业技术教育；

（3）按照《中国教育改革和发展纲要》及其实施意见精神，进一步扩大省级政府对发展高等教育的决策权和统筹权。

另外，文件还规定了高等职业院校的管理职责、教学管理、招生规模等，为高等职业院校提供的政策依据。

1999年6月，中共中央、国务院印发的《关于深化教育改革全面推进素质教育的决定》文件中，涉及高等职业教育的相关内容主要有，确定了高等职业教育是高等教育的一部分，要大力发展高等职业教育，这标志着我国职业教育走向规模发展的道路。到了2005年，我国的高等职业院校已达1 091所，招生268.09万人，在校生712.96万人，毕业生160.22万人，专任教师26.79

万人。高等职业院校此时在规模上得到了跨越式发展，成为为社会输送人才的重要育人基地。

第五阶段：2006年至今——高等职业教育的内涵发展时期

从2006年开始，我国高等职业教育逐步转向发展高质量职业教育，着重高等职业教育的内涵发展。高等职业教育的规模的扩展也逐渐显现出高职院校培养的人才质量不高，因此，国家在2006年颁布了《教育部关于全面提高高等职业教育教学质量的若干意见》（以下简称《意见》），《意见》强调了高等职业教育的提高教学质量的重要性及紧迫性，还提到了要加强素质教育、专业构建、课程建设、人才培养模式、校企结合、"双师型"教师队伍、管理规范等方面，全面提升高等职业教育的质量。《意见》作为职业教育高质量发展的纲领性文件，促进高等职业院校各方面的综合提升。同年，为了在全国范围内的高等职业教育院校中树立改革示范，教育部、财政部联合印发了《关于实施国家示范性高等职业院校建设计划加快发展职业教育改革与发展的意见》，决定重点支持建设100所国家示范性高职院校，并规定了目标任务及主要内容。

2010年，在原有已建设的100所国家示范性高职院校基础上，教育部、财政部下发《关于进一步推进国家示范性高等职业院校建设计划实施工作的通知》，决定建设100所国家骨干高职院校，2015年完成验收工作。

在上述建设基础上，2015年，教育部又印发《高等职业教育创新发展行动计划（2015—2018年）》，"三大计划"对于提升高等职业教育办学质量，推动高等职业教育朝高质量发展轨道不断迈进的意义不言而喻。

2019年，教育部、财政部发布了《关于实施中国特色高水平高职学校和专业建设计划的意见》，称为"双高计划"，指出为了办好新时代的职业教育，将集中力量建设50所高水平高职学校及150个高水平专业群，打造技术技能人才培养基地及创新服务平台，促进高职院校的高质量发展。

二、我国高等职业教育取得的成就

（一）职业教育的战略地位得以确立

职业教育具有独特的属性，与普通教育相区别，一直以来，党和国家非常重视职业教育的发展，先后召开多次全国职业教育工作会议，专门讨论职业教育的决策与部署，从这里看到党和国家发展职业教育的决心。进入21世纪以来，国家将发展职业教育作为教育发展的重点发展，将其放在了更加突出的战略地位。相关的政策、法规等确立了职业教育的法律地位，国家在财政、政策上的支持为职业教育的发展提供了良好的大环境。

（二）高等职业教育的规模在不断扩大，办学质量明显提升

《2019年全国教育事业统计公报》出炉，公报显示2019年高职（专科）院校1 423所，比上年增加5所。普通专科在校人数1 280.7万人（2018年的数据为1 133.7万人，较上年增加147万人），2019年招生人数493.6万人（2018年数据为368.8万人，较上年增加124.8万人）❶。李克强在十三届全国人大二次会议上指出，要加快现代职业教育的发展，缓解就业压力，促进高技术人才的培养。同时积极完善高职院校的招生办法，鼓励应届高中毕业生、脱衣军人、下岗职工、农民工等报考职业教育院校，拓展求职范围，并且扩招100万人，其规模得到极大的扩展。当前，除了高职院校学历教育外，国家还开展了职业培训等模式，构建了灵活多样、开放的具有中国特色的职业教育体系，为我国现代国民教育体系的构建做出了积极的贡献，同时促进终身教育体系的形成与完善。

（三）体制机制改革不断深入推进

办学体制上，国家鼓励企业及社会力量参与到职业教育构建中，通过校企合作办学、集团办学、行业办学、个人资本办学等实现办学机制的多元化。管理体制上，实行省、市、县三级办学，管理运行遵循政府主导、行业指导、企业参与的管理模式。在人才培养模式上，建立多元化的人才培养模式，如工学结合、校企合作、产教融合、顶岗实习等形式，不断深化教学与课程改革，与行业、企业的实际需求相衔接，通过订单培养、现代学徒制等方式，培养复合型人才。

（四）职业教育为社会主义建设培养大批高素质、复合型人才

高等职业教育已经培养了大批的实用型人才，投身到社会主义建设中，促进了经济的进一步发展。同时高科技岗位的需求促使职业教育培养高质量、复合型的人才，这不仅表现为综合素质的提升，还表现为拥有技术、技能的兼顾型人才，为科技创新发展带来了持续的动力。

---

❶ 中华人民共和国教育部：《2019年教育统计数据》，（2020-06-10）[2021-08-23]。

(五) 人才培养能力大幅度提高

从 2010—2019 年，高等职业院校的数量在逐渐上升，由 2010 年的 1 246 所，发展到 2019 年的 1 423 所，毕业人数总体上呈现上升的趋势[1]，如图 2-5 所示。从图中可以看到高等职业教育正在形成世界上最大规模的职业教育体系，为社会输送大量的复合型人才，为进一步促进科技创新奠定坚实的基础。

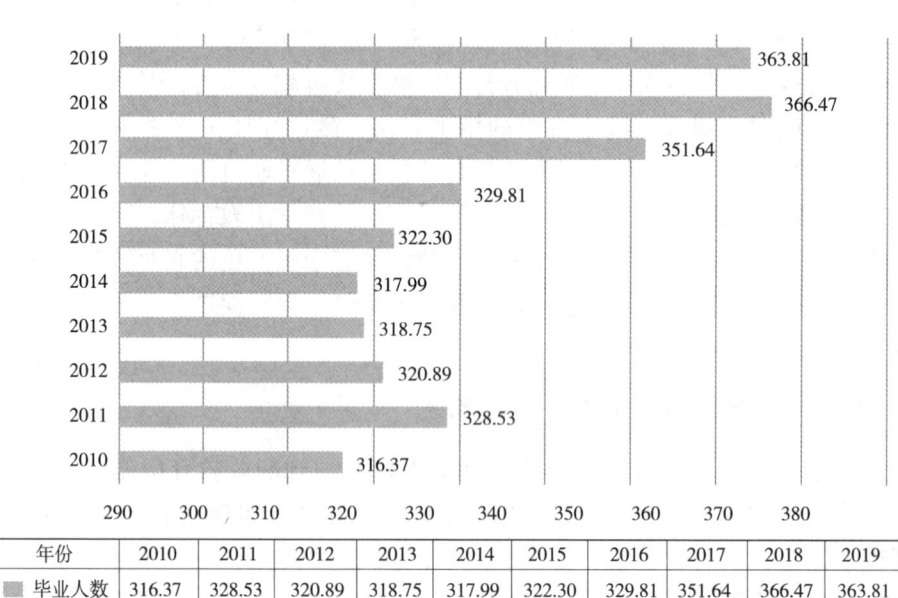

单位：万人

年份	2010	2011	2012	2013	2014	2015	2016	2017	2018	2019
毕业人数	316.37	328.53	320.89	318.75	317.99	322.30	329.81	351.64	366.47	363.81

图 2-5 2010—2019 年高职院校毕业人数统计

(六) 师资队伍建设持续加强

在师资数量上，2015 年，全国高职院校专任教师数量为 45.46 万人，到 2019 年人数已经增至 51.4 万人，呈现出逐年增长的趋势[2]，如图 2-6 所示。除了数量上的增加，高职院校还重点打造"双师型"教师，促进教师理论知识与实践能力的提升，为培养更多优秀的技术人才提供条件。

当前高职院校教师队伍持续发展，实力持续加强。

(1) 教师团队的加强，通过改革人事分配制度、管理制度，来制定一系

---

[1] 中华人民共和国教育部：《2019 年教育统计数据》，（2020-06-10）[2021-08-23]。
[2] 中华人民共和国教育部：《2019 年教育统计数据》，（2020-06-10）[2021-08-23]。

列的政策，向教师队伍，特别是优秀的教师团队倾斜，提升优秀教师的待遇，激发其职业效能感，为更多的创新做贡献。

（2）"双师型"师资队伍的引进与培养，在教学中融入教、学、做的教学理念。通过设置现代高职教师培训基地，孵化"双师型"教师，指导学生的学习和实践。

（3）学科带头人及骨干教师的大力培养。近年来，职业院校注重学科带头人及骨干教师的引进与培养，花费"重金"聘请高级人才来发展专业，带动了学科的发展，使得整体的教师素质有了质的提升。

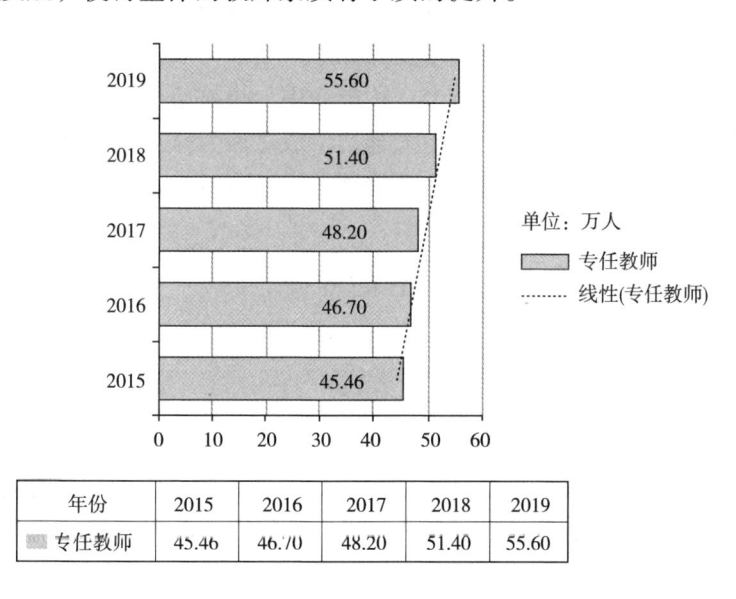

年份	2015	2016	2017	2018	2019
专任教师	45.46	46.70	48.20	51.40	55.60

图2-6 2015—2019年高职院校专任教师数量统计

（七）专业建设不断适应产业发展需求

2021年，教育部印发了《职业教育专业目录（2021年）》（以下简称《专业目录》）的通知，《专业目录》是在原有的职业教育专业目录的基础上进行了全面的修订，还制定了新的专业目录，《专业目录》的设定是为了加强职业教育国家教学标准，进一步落实职业教育专业动态的发展，不断推进专业的数字化，促进专业的升级。当前，高等职业教育的专业涉及第一产业——农、林、牧、渔四大类；第二产业——资源环境与安全、能源动力与材料等；第三产业——交通运输、电子信息等专业。

（八）服务社会能力显著增强

高职院校专业的设计紧随经济发展的需求，在宏观领域里，高职院校的发展紧随国家政策。例如，现阶段的发展重点是"双高计划"，即教育部和财政部联合印发的《关于实施中国特色高水平高职学校和专业建设计划的意见》，高职院校发展朝着"当地离不开、业内都认同、国际可交流"的方向发展，"双高计划"的初衷是支持一批高质量的职业院校发展，成为先锋队引领全国范围内的职业院校的发展。高职院校近几年来积极探索与行业的发展，为社会化生产注入新的动力。大多数的职业院校设置农业专业，服务乡村振兴战略，为乡村振兴培养了大批的技术技能人才，当前高职院校成为乡村振兴人才培养的主要基地。在院校的覆盖上，积极向中、小城市分布，促进高职院校的均衡，实现了城乡居民在家门口上大学，学成之后为家乡做贡献。在技术和培训服务上，高职院校开展技术服务和培训，为社会及企业服务。

三、我国高等职业教育发展的经验总结

（一）坚持党的领导

从党的十六大提出"加强职业教育与培训"，到党的十七大提出"大力发展职业教育"，到党的十八大要求"加快发展现代职业教育"，到党的十九大提出的"完善职业教育和培训体系"，再到党的二十大提出的"优化职业教育类型定位"，充分体现了改革开放40多年来，党中央始终把职业教育摆在重要的战略位置。高等职业教育系统正是在认真落实党中央对发展职业教育的总要求，牢牢把握社会主义办学方向的前提下，高等职业教育才会获得跨越式发展。

（二）坚持育人为本

立人先立德、树人先树品。2002年，《国务院关于大力推进职业教育改革与发展的决定》要求"全面实施素质教育""加强职业道德教育"；2011年，《教育部关于推进高等职业教育改革创新引领职业教育科学发展的若干意见》提出要"坚持育人为本，德育为先"；2014年，党的十八大将"立德树人"作为教育的根本任务；2014年，《国务院关于加快发展现代职业教育的决定》要求职业教育坚持以立德树人为根本。改革开放40年来，高职院校始终落实立德树人的根本任务，始终把社会主义核心价值体系、做人基本道德素养要求、企业

优秀文化理念等融入人才培养的全过程，提升学生道德水平和科学文化素养，为学生终身成长和发展打下了坚实基础。

（三）坚持服务大局

高等教育适应论认为，"高等教育必须与社会发展相适应"，作为具有高等教育属性的高等职业教育也必须遵循这一规律，只有满足经济社会发展的需求，服务好国家的发展战略需要，高等职业教育发展才能获得物质保障和发展基础。高等职业教育始终没有偏离服务大局的轨道，始终坚持围绕国家和区域重大发展战略，如国家层面主动服务"一带一路"国家倡议、中国制造2025、"互联网+""大众创业、万众创新"、精准脱贫、人才强国、经济转型升级等，区域层面主动服务东北振兴、对口支援西部地区发展、京津冀协同发展、长江经济带建设、西部大开发等，高等职业教育始终把服务社会经济发展、服务产业转型升级、服务区域发展等作为办学的主要目标，充分发挥了培养第一线生产、建设、服务、管理的高端技能型专门人才的优势，有力支撑了我国经济社会的发展，这是我国高等职业教育取得巨大成就的一条重要经验。

（四）坚持就业导向

就业是民生之本，事关社会稳定和人民经济生活水平的提高。高等职业教育是就业教育，是面向市场的教育，评价高等职业教育办学水平的核心指标之一就是就业率。自1999年高校扩招以来，我国高等教育实现了从精英教育到大众化教育的跨越式发展，高等职业教育已经成为高等教育的"半壁江山"。面对每年上百万的高职毕业生，从1999年至2017年，每年都会以国务院办公厅或教育部名义印发关于做好普通高等学校毕业生就业工作的通知，且教育部又于2009年印发《教育部关于加快高等职业教育改革促进高等职业院校毕业生就业的通知》，促使我国高等职业教育学生就业率、就业满意度、月收入、三年内职位晋升率等一直处于稳中有升的状态，充分说明我国政府始终把就业作为办高职的一个基本原则，是符合高等职业教育办学规律的。

（五）坚持示范引领

为在全国高等职业院校中树立改革示范，从2005年起，支持建设国家示范性高等职业院校，骨干高职建设院校，优质高等职业院校。2023年还公布了第一批示范性技工教育联盟（集团）。实践证明，示范性高等职业院校建设、骨干高等职业院校建设、优质高等职业院校在探索校企合作产教融合、单独招生考试改革、跨区域分享优质教育资源等方面，形成了典型带动、共同发展的良好局面,对于引领全国高职院校的改革与发展方向、提高我国高等职业教育的整体水平起到了很大作用。

第三节 职业教育创新持续发展路径

职业教育在新时期的发展需要遵循可持续发展原则,走创新持续发展的道路,优化职业教育的各项管理与教学活动,促进产教融合,促进校企合作。职业教育需要与社会、行业、企业建立紧密的联系,提升职业教育的服务功能,实现为社会输送大批高质量、高技术人才,为社会主义现代化贡献力量。职业教育创新持续发展的路径主要表现在以下几个方面,如图 2-7 所示。

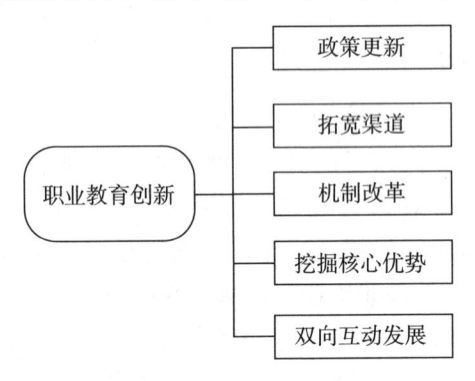

职业教育创新
- 政策更新
- 拓宽渠道
- 机制改革
- 挖掘核心优势
- 双向互动发展

图 2-7 职业教育创新持续发展的路径

一、宏观上,根据国情更新政策,满足职教发展需求

纵观高职院校发展的历程,高职院校要得到持续的发展,需要国家、地方的政策保障及扶持,促进职业教育的改革与发展。国家在制定政策时要把握整体规划,对职业教育提出符合时代发展的要求、目标及任务。这样,高职院校的发展才能随着我国经济中心的转移相应的调整。当前,我国正处在经济转型、社会转型的关键时期,关键期内高等职业院校的教育性质、教育对象、教

育中心、教育管理等也处在变化中。这一时期要达成目标更需要依赖明确的政策指导。

国家在制定相关的政策、法规的过程中，其价值导向要遵循公平原则，在政策制定上坚持人人公平，共享成果。要不断强化高等职业教育的公共服务功能，提升服务质量。另外，政策的制定还能充分体现就业者的个人需求，无论是选择就业还是深造抑或创业，都能遵从个人意愿。政策的制定还应该满足行业对复合型人才的需求，促进高等职业教育培养高质量人才，使职业教育由生存型的社会教育需求向着发展型的社会教育需求转变。国家制定的新政策要拓展职业教育的就业范围，不仅涉及三大产业的领域，还要紧跟国家发展重点来设置专业，促进发展政策的落实，促进专业人才的创新转化，如当前乡村振兴仍然是发展的重点，因此要向该领域倾斜。

国家制定的政策需要坚持长期性，要引导高等职业教育对象的转型，在招生、考试、考核、教学方面有所创新，扩大职业教育的服务范围，促进职业教育成为面向每一个人，面向全社会的教育。职业教育还需要拓展服务内容，要面向成年人开展择业技能教育，增强其岗位适应力，还要提升其创新能力。当前的学习型社会中，需要终身学习体系的构建，职业教育恰恰迎合了终身教育的要求，促进终身教育的实施。

国家制定的政策需要构建优质高等职业教育，为我国建设人力资源强国努力。职业教育的发展要将发展的重点及核心放在质量的提升上，引导职业教育在扩展规模的同时，要加强内涵建设，兼顾质量的提升，使高等职业教育能紧随时代发展潮流，促进国家重点项目的突破与创新。

国家制定的政策需要考虑各行业的协调发展，要激发企业的主动性，在开展校企合作的过程中，不断优化行业、企业与职业院校的关系，通过公开对话、积极参与、共同决策等措施，培养广大职业技术人才，真正发挥各自的优势，促进高等职业教育的创新持续发展。

二、经费上，多方拓宽筹资渠道，保障职教发展经费

高职院校的规模及质量的提升，需要大量的经费支持。高职院校的经费需要有保障，可以鼓励高校建立多渠道的筹资机制，保障经费的充足。

（1）政府应当科学规划，加大对高等职业院校经费的支持力度，政府在财政分配上需要根据实际发展的需求划拨经费，需要发挥其"保基本、保增长、主投入"的作用。在财政支持上要视高等职业院校的规模而定，职业教育

在近几年的发展较快，需要投入较多的资金用于高校扩招、校企合作项目中。政府需要保障经费持续、稳定地供给，满足高等职业院校的规模扩张及人才质量培养。

（2）国家除了普通的职业教育基础设施建设外，还要设立专项经费支持重点发展项目，如示范性的高等职业院校、骨干高职院校、"双高计划"院校等，要积极发挥中央财政专项投入的作用。

（3）要全面落实高职院校生均拨款制度。国家每年会划拨财政对高职院校学生的补助。政府要根据高职院校的规模及需求进行动态拨款，根据实际情况调整数额。同时，政府还要加大监管力度，监督拨款的落实情况，对擅自侵吞补助的院校或个人给予严肃处置，确保高职院校的学生能享受拨款补助。

（4）财政支持分为国家及地方的财政投入，各级政府对高职院校的投入的比例及承担的责任要明确，一般的职责划分是，地方的财政支持需要保证高职院校能实现基本的运转，省级的财政支持用于扩大规模及提高质量，中央财政支持，应当遵循"补短板、促公平"的原则，促进全国范围内的高职院校的持续发展。

（5）应当加大对职业教育落后地区的财政补贴，对一些具有发展潜力，或是具有地方发展特色的高职院校要加大财政支持力度，优先发展这些院校，促进人才为当地的经济服务，为提升区域的竞争力奠定基础。

（6）鼓励社会各方力量加大对高职院校的支持，社会各方力量包括个人、团体等各种各样的形式，促进职业教育的发展。各方力量可以提供不同形式的支持途径，如开展联合办学、定向委培、校企合作等形式，将优势资源与高职院校的资源结合起来，实现高职教育办学多方位的支持。

三、改革上，深化体制机制改革，增强职教新竞争力

政府要将高等职业教育纳入社会发展及产业规划中，建立多渠道的投入形式发展高等职业教育，发展完善的体质与机制，解决当前职业教育发展过程汇总的诸多问题，如管理上的政出多门、管理多头、资金缺少、不够稳定等现状，建立起以省级政府的管理为导向，建立起行业、企业、社会三方参与的监督与管理制度。

具体来讲，是要实现高职院校无论是在外部的创新体制还是改革内部的管理机制都有所提升，提升有三大策略：

（1）应当统筹高等职业教育的管理，明确各级别的管理权限，要厘清部

委之间、中央与地方之间的管理权限，省级政府要发挥主导作用，发挥主体责任推进职业教育工作，各部门如发改委、教育部、财政部、人社部等要明确各自的职责，明确各自的职责范围。

（2）应当深化职业教育的改革，要加强政府、企业与高职院校之间的联系，政府在高职院校发展中扮演的角色是监督与指导作用，所划拨的财政支持，高等职业院校需要充分发挥其办学自主权将资金用于基础设施及学科建设上来，在经费使用、招生情况、教师团队、人员配备、学科设置上体现自主性。

（3）高职院校的内部管理可以通过建设规章制度规范师生的行为，便于管理。在发展方向上，要坚持党委领导下的校长负责制，建立学术委员会、教职工代表人会等参与治理，还要建立合理的奖励机制鼓励管理人员及广大教师为高职的建设建言献策。这样就形成了自上而下的内部管理系统，实现高职院校的正常运转。

四、服务上，不断挖掘核心优势，提升社会服务能力

高职院校培养的学生最终是为了就业，是为社会发展需要贡献力量，所以高职院校的服务功能是高职院校的主要功能之一，所体现的就是职业教育在教育界的担当，是职业教育对社会的意义。要提升高职院校的社会服务能力需要把握以下几点。

（1）要突出服务的重点内容，结合当前时代发展的大趋势，将需求、要求结合起来培养技术人才，如中国制造2025、乡村振兴、京津冀协同发展等都是当前发展的热点与重点，围绕这些项目来培养学生，最终提供人才支持服务与这些重大项目，促进创新成果的转化。

（2）找到高职院校的服务突破点。当前我国经济飞速发展，经济增速方式、产业结构、民生需求、区域发展等都有所变化，善于在变化中找到突破点，培养岗位的紧缺人才，保障岗位人员的适应力与创造力。

（3）服务本身需要理念的支撑、技术的卓越、素质的提升，所以能力的提升需要加强自身建设。

第一，高职院校在发展过程中，也要紧随时代步伐，转变办学观念，要围绕国家政策、区域经济发展、产业调整、企业需求上下功夫，全面提升服务理念。

第二，不断深化职业教育改革，专业设置上要根据社会需求来调整设置，

加强产教融合、校企合作，加快人才养成，为经济发展输送大批高质量、高效的人才。

第三，加快教师队伍建设，深化"双师型"教师培养力度，根据院校优势组建科研团队，提升成果转化效率。

第四，加快基础设施的建设，基础设施建设包括硬件建设与软件建设。硬件设施，如培训教师、实训场地及实训器材，需要及时升级换代，确保先进性。软件设施，如教材、课程、师资等需要与时俱进，围绕社会热点展开，以此培养建设社会主义市场经济的人才。

这里主要提及高等职业院校的信息化水平。信息化水平反映高职院校现代化的程度，信息化水平越多，学生可接触的前沿的科技知识就越多，有助于结合当下的技术实现创新，所以要加强高职院校的信息化建设。关于高职院校信息化建设，首先，需要国家加大对信息化建设的经费支持，建立专项经费制度提高信息化水平。其次，高职院校要加强信息技术方面的培训，促使信息化管理的常态化与制度化，提升教师、学生的信息技术运用能力，将信息化手段运用在教与学中，实现效率的提升。再次，要在高职院校之间建立信息化共享平台，鼓励高职院校之间的合作，同时，高职院校还可以与普通高校开展合作，共享优质教育资源，通过现代网络学习空间创新教学模式、学习模式、研究模式等实现教育资源的共建共享。最后，要善于总结高职院校信息化建设的典型案例，善于通过总结先进经验，形成参考性方案，运用于其他高职院校的信息化建设。

五、模式上，校企合作产教融合，形成双向互动发展

（1）当前校企合作中双方的合作意愿不够强烈，导致校企结合流于形式，这样不仅导致高职院校培养的人才与岗位需求相左，还导致企业耗费了精力却招聘不到合适的人才。所以，要解决这一现状，需要成立由发改、财政、人社、教育、工信、人力资源社会保障等部门组成的校企合作领导管理机构，形成多方协调的校企合作发展模式，同时建立起长效的校企合作监督机制，构建信息交流共享平台，促进校企合作的真正落地，为培养岗位需求的人才服务。

（2）政府部门应制定产教融合优惠政策，促进产业与教育的深度融合，通过综合运用投资、财税、用地、金融等手段，形成激励保障协同支持体系，充分激发企业内生动力。2018年，教育部等六部门发布了《职业学校校企合作推广方法》，倡导建立"学者–企业主导、政府主导、产业主导"的校企合

作机制,《职业学校校企合作推广方法》指出,校企合作属于双主体性质,确立了学校企业的主体性地位。

(3)校企合作过程中,高职院校需要紧跟时代潮流,利用优势资源与企业合作,需要通过转变观念、构建平台、主关键等方式来实现双方共赢。

第一,以往的人才培养主要依靠学校教育,校企合作模式下,企业成为培养人才的平等的主体,所以高职院校要转变服务理念,与企业建立长期合作关系,培养优质技术人才,为企业发展输送大量合格人才。

第二,高职院校与企业的合作具有长期性,短期内的效果不明显,所以在开发专业、课程、教师、教材、实践基地是需要有一个稳定的合作前提,根据变化着的市场及时调整教学策略,在不断摸索中找到最佳合作方式。

第三,校企合作的内容与形式虽然可以多种多样,但是需要围绕教学展开,需要朝着培养复合型人才方向努力。当前双方的困境表现在高职院校的职业教师的比例较低,企业缺乏理论性强的师资队伍,所以造成了校企合作成果的转化。需要进一步提升高职院校教师的技术能力水平,通过学校培训提升企业的教育理论水平。

第四,优化校企合作的标准。校企合作过程中,存在盲目性、随机性的问题,该情况下需要建立起有效的标准来巩固合作的效果,校企合作中可以制定共同的招聘标准、课程标准,场地标准,进一步规范人才培养。

六、师资上,加强双师队伍建设,提升院校综合实力

(一)"双师型"教师队伍建设

"双师型"教师首先有良好的职业道德,同时还兼具职业素养、经济素养、协调能力、管理能力、适应能力和创新能力,因此"双师型"教师是对教师队伍提出了较高的要求。要加强"双师型"教师队伍建设,需要在以下几个方面努力:

(1)改革教师编制制度,制定动态编制机制,根据学校专业需要及时补充、调整教师,优化结构,满足培养人才的需要。

(2)改革教师招聘制度。以往的教师招聘多是学术性人才,具有高学历,理论知识扎实的人才。今后应当鼓励高职院校面向社会、企业招聘具有企业工作经验的高技术人才,充实高职院校教学,培养学生的实践能力。总之,高职院校的招聘应当有自主权,按需招聘专业紧缺的教师,提高教师队伍的综合能力。

（3）除专职老师之外，支持高职院校招聘兼职教师，进一步完善兼职教师的引进、待遇，建立兼职教师的合理的薪酬制度，保证兼职教师的福利及待遇，提高他们的教学热情。

（4）制定统一的入职标准、评价标准，打造教师队伍的专业性、技术性，通过对教师的入职培训，规范教师的行为，提高教师队伍的规范性；通过设立评聘标准，突出教师队伍的专业性、技术性。

（5）鼓励校企共建教师培养、培训基地，积极与企业联合，鼓励教师定期到企业实践，了解行业的发展及需求，利用好各方资源培养学生，增强学生对岗位的适应性。教师进入企业实践主要有顶岗实践、在岗轮训、挂职锻炼等，这些方式都是提升教师专业能力与业务能力的途径，这些知识和能力的提升最终会回归学生，用在教学及能力培养上，培养出优秀的复合型人才。

（二）提升教师综合实力的途径

提升教师综合实力的途径主要有两种。

1. 参加职业教育教学能力大赛

教师教学能力大赛是由教育部主办的，其目的在于提升教师的专业素质和专业化水平。要提升职业教育教师的综合实力可以通过参加教育教学大赛实现。

（1）教学能力大赛可以培养老师的战略意识，提升其科研能力。科研是教师日常教学创新的结构，教学能力大赛可以培养教师的科研方法、科研步骤及科研成果展示，进一步提升教师的综合实力。

（2）教学能力大赛可以培养教师的全局意识，提升教学的设计能力。教学大赛需要用到一整套的教学流程，包括自主学习→课堂教学→课外拓展等，教师需要根据评价标准有针对性地设计教学环节，使用恰当的教学方式，促使教师的学习及教学设计能力的提升。

除以上外，教学能力大赛可以培养教师的战术意识，提升教师的教学实施能力；可以培养教师的反馈意识，提升教学评价反思能力。

2. 参加职业技能大赛

职业技能大赛推动了新时期高职教育的改革与发展，同时是我国教育工作的一项重大制度设计与创新。职业技能大赛不仅促进了学生综合素质的提升，同时促进了教师综合素质的提升。教师通过指导学生参加职业技能大赛，可以提升自我的综合实力，具体表现为：

（1）职业技能大赛不断更新教师的教育理念。职业技能大赛指向服务、就业及学生的实践能力，所以教师需要不断修正教学内容及教学方法，以此来增强实用性与适用性。

（2）职业技能大赛促进教学专业能力及创新能力的提升。要想在职业技能大赛中脱颖而出，需要创新型教师的指导。此时教师不仅应当具备创新意识，还要有创新的方法和手段，需要深入企业，学习最前沿的技术，达到创新成果的转化。

第三章　职业教育创新人才培养的课程

高等职业教育人才培养目标的起点是课程。课程是培养人的总体方案，是将宏观的教育理论与微观的教育实践联系起来的一座桥梁。无论什么样的教育理论、教育思想、教育观念和培养目标，最终都必须借助这座桥梁才能实现。教育层次、类型的区分，也集中反映在课程内容、层次与组合之间。高等职业教育与其他高等教育的类型特征，与中等职业教育的层次区别，也集中反映在其独特的课程体系之中。因此，深入进行高等职业教育课程理论的研究与探讨，创建高等职业教育的课程模式，是高等职业教育达成其人才培养目标的重要途径。

第一节　职业教育课程的价值

一、职业教育课程价值组成

职业教育课程价值是在价值定义基础上的进一步延伸，是价值概念在职业教育课程领域中的具体应用。一般来说，价值的定义有三大观点，如图3-1所示。

```
┌─────────────────────┐  ┌─────────────────────┐  ┌─────────────────────┐
│       需求说        │  │       属性说        │  │       关系说        │
├─────────────────────┤  ├─────────────────────┤  ├─────────────────────┤
│ 强调主体的情感态度、兴 │  │ 强调价值是存在于客 │  │ 通过主体与客体之间 │
│ 趣和需求的重要性，认为价│  │ 体内部的一种属性，认│  │ 特定的效应关系来界定│
│ 值是满足主体的主观需要或│  │ 为"价值是对人有用或 │  │ 价值概念的方式     │
│ 意图的一种心理现象   │  │ 使人愉快的属性"     │  │                     │
└─────────────────────┘  └─────────────────────┘  └─────────────────────┘
```

图 3-1　价值的三大观点

本书提及的"价值"概念采用第三种观点——"关系说"，即通过主客体之间的关系分析阐明意义。"关系说"相关理论运用到职业教育课程价值中，主要通过分析职业教育课程与学生需求、社会经济发展需求的关系来审视价值。职业教育课程与学生及社会经济之间是相互关联、相互促进的关系，一方面，职业教育课程会根据学生的需求、社会经济发展的需求设定教学内容；另一方面，职业教育课程促进合作的人才的持续输出，满足社会经济发展的需求，推动社会经济发展产生新的需求。两者的互动处在不断变化发展的过程中，一直在需求→课程更新→新的需求→课程再更新的动态发展中。职业教育课程价值是由职业教育课程的固有属性及学生、经济社会发展需求组成的，如图 3-2 所示。

二者缺一不可，如果缺少了职业教育课程的固有属性，那么学生和社会经济发展的需求无法满足；如果缺少了学生或社会经济主体，职业教育课程的固有属性也没有发挥的对象。

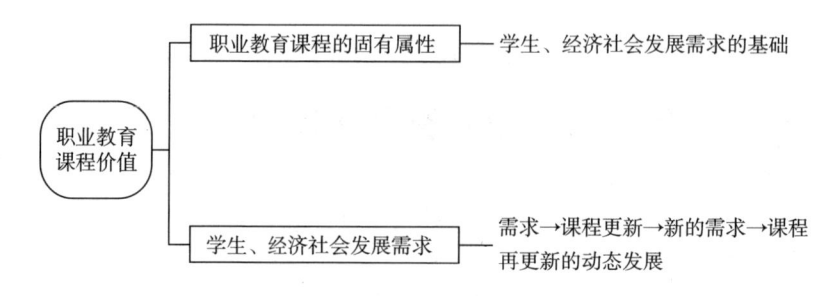

```
                    ┌─ 职业教育课程的固有属性 ── 学生、经济社会发展需求的基础
   职业教育
   课程价值 ──┤
                    └─ 学生、经济社会发展需求 ── 需求→课程更新→新的需求→课程
                                                  再更新的动态发展
```

图 3-2　职业教育课程价值组成

因此，只有职业教育的课程属性（客体）与学生、经济社会发展的需要（主体）紧密结合，才能彰显职业教育课程的价值。总的来说，职业教育课程的价值，一方面需要满足学生对特定职业需要的知识、技能的要求；另一方面顺应社会大潮流，培养社会需要的专业人才。通过职业教育课程的学习，学生

掌握了理论知识，技术技能进一步提升，能胜任岗位需要的人才标准，成为社会合格的人才。职业教育课程作为客体，需要满足学生、社会经济发展这两大主体的需要，同时职业教育课程直接推进成果的转化，对主体起着积极的作用。

尽管职业教育课程与普通教育课程在含义上，没有本质区别，但两者在课程形态上表现出较明显的差异，这主要通过职业教育课程所具有的定向性、适应性、实践性等特点表现出来。

（一）定向性

与普通教育不同，职业教育的专业课程定位于特定的职业岗位或岗位群。职业教育课程最终的成功不仅仅是以学生的学习成绩来衡量的，更重要的是以学生在劳动世界中被认可的程度来衡量的。因此，职业教育的课程在定位于学习和活动的同时，更要定位于产品。这就使如何处理工作与课程的关系成为职业教育课程开发的核心环节，意味着脱离行业企业参与的职业教育课程开发是难有效果的。

（二）适应性

与普通教育课程不同，职业教育课程是为适应特定区域、特定职业的需要而开发和实施的。根据社会需要培养兼具技术型、技能型的复合型人才，是职业教育的根本任务。职业教育的课程必须适应不断变化的社会需求，并根据需求的变化及时调整。当今世界，科学技术日新月异，劳动世界变幻莫测，职业教育课程必须及时吸纳科技发展的最新成果，才能适应社会的发展需要，这就决定了职业教育的课程必须不断更新，职业教育的课程开发必须是个不断进行的动态过程。

（三）实践性

职业教育是"以就业为导向"的教育，它所培养的学生必须能够有效地完成工作任务，为胜任未来职业岗位工作做好准备。对于职业教育，重要的是学生会做什么，怎么做可以做得更好，而不是知道了什么，了解了什么，在这里，"会做"比"会说"重要得多。因为理论知识只有转化成实践知识才能被应用到行动中去，因此职业教育课程是一种以实践知识为主的课程。同时，实践知识学习的最有效的途径是实践过程，因此职业教育的课程是在实践过程中学习的。课程从实践中来，在实践中学，就成为职业教育课程实践性的重要特征。

二、职业教育课程价值的基本要素

(一) 价值客体——职业教育课程

1. 课程

课程以此最早出现在唐宋时期，宋代的理学大家朱熹曾经提道"宽着期限，紧着课程"，这里的课程是指功课或功课的进程。课程在西方最早是英国教育学斯宾塞提出的，他在《什么知识最有价值》一文中提出了"课程"，指代学习的进程。目前，国内外学者对课程的内涵及类型的探讨从未停止，并且众说纷纭，尚未形成统一的定论。目前关于课程内涵的发展主要有以下三种说法，见表3-1。

表3-1　课程内涵的三种代表观点

观点	代表人物	主要观点内容
课程即教材	夸美纽斯	课程内容就是学生要学习的知识，而知识的载体就是教材
课程即活动	杜威	通过研究成人的活动，识别各种社会需要，把它们转化成课程目标，再进一步把这些目标转化成学生的学习活动。这种取向的重点是放在学生做些什么上，而不是放在教材体现的学科体系上
课程即经验	泰勒	课程内容即学习经验，而学习经验是指学生与外部环境的相互作用，他认为"教育的基本手段是提供学习经验，而不是向学生展示各种事物"。这种观点强调学生是主动参与者，是学习活动的主体，学习的质和量决定于学生而不是课程，强调学生与外部环境的相互作用

关于课程的定义，也有多种说法，概括起来有以下三种类型：

（1）科目说。即课程是学校开设的所有科目的总和，从科目的维度把握，课程分为广义和狭义，广义的课程是"课程是指所有学科的综合，或学生在教师指导下的各种活动的总和"❶。狭义的课程是"一门学科或一类活动"。持科目说概念的强调学科知识的重要性，以知识组成的课程内容以学科的形态呈现出来，再以学科逻辑的形态表现出来。在我国，科目说得到广泛的认可。

（2）经验说。经验说产生于20世纪30年代，主要的代表人物是杜威，

---

❶ 董纯才：《中国大百科全书（教育卷）》，北京，中国大百科全书出版社，1985。

强调学生的兴趣、需要及个性的发展，因此课程成为学生在学校教育中获得兴趣、需要、个性发展的媒介。经验说的主要观点有：

"学校课程中相关的真正中心是儿童本身的社会活动。"

——杜威[1]

"课程是儿童在教师指导下所获得的一切经验。"

——卡斯威尔[2]

"课程是学生在学校或教师指导下所从事的一切学习活动和经验。"

——黄炳煌[3]

这种课程定义方式强调了学生的主体地位，突出了经验的重要性，但忽视了系统知识在学习过程中的意义。同时，经验有好坏之分，学校或教师未明确指出应提供给学生何种经验。

（3）计划说。认为课程可以看作一种学习计划，认为课程的本质特征就是计划性。持这一观点的学者主要有斯坦豪斯、塔巴、钟启泉。主要观点有：

"课程是为了教学而计划的行动系统，是一种包含了目标、内容、活动和评价的学习计划。"

——斯坦豪斯[4]

"课程是学习的计划。"

——塔巴[5]

"课程意味着儿童在学校教师的指导下的整个生活活动的总体计划。"

——钟启泉[6]

综上所述，可以将课程的定义归纳为：学校为了实现培养目标，有目的、有计划地选择教学内容，并按特定逻辑组织的学科或学科的总和，以及其进程安排。

2. 职业教育课程

职业教育课程是课程的重要组成部分，两者之间的关系是总分关系，所

---

[1] 姜大源：《职业教育：课程与教材辨》，中国职业技术教育，2008(19)。

[2] 姜大源：《职业教育学研究新论》，北京，教育科学出版社，2007。

[3] 赵祥麟，王承绪：《杜威教育论著选》，上海，华东师范大学出版社，1981。

[4] Caswell.H.&Campbell.D：Curriculum Development, New York, Anmerican Book Coampany, 1935.

[5] 黄炳煌：《教育与现代化》，台北，台北文景出版社，1986。

[6] Stenhouse.L：An lntroduction to Curriculum Research and Development, London Heinman, 1975.

以课程的定义同时适合职业教育课程的定义。职业教育的课程可以定义为职业院校为了实现学生顺利就业的培养目标，有目的、有计划地选择适合培养技能的教学内容，并按照岗位工作逻辑进行组织所形成的学科或者学科的综合，包括教学进度的安排及实践活动❶。职业教育课程是学生获得知识及能力的直接途径，职业教育课程的最终目的是为社会主义经济建设提供具有岗位适应力的复合型人才。课程包括理论知识和实践两大块，集合了专业知识和职业实践。

（二）课程价值主体——学生与社会

学生是学习的主体，同时是课程实施的主要对象，学生与教师、教学内容组成教育的三大基本要素。学生是教师的教授对象，学生通过教师的指导作用学习教学内容，完成相应的知识的学习，最后内化为学生个体的知识与能力。所以说，学生是开展一切教学活动的条件，如果失去了学生，整个教育也就失去了意义。学生的学习主要通过课程来实现，所以在职业教育课程体系中，学生成为课程最重要的价值主体。

社会作为人们生活的共同体存在，是所有的社会关系的总和。职业教育要实现其培养目标必须借助课程实现，这一结论主要源于人类的生产经验和为了传递生存技能的需要，同时是社会分工的必然结构。职业教育的培养目标是为社会经济发展提供复合型人才，其最终达成为区域经济增长贡献力量的目标。可以说，社会经济发展的客观需求赋予了职业教育的存在价值，同时是职业教育课程价值得以凸显的体现。

三、职业教育课程价值的本质

事物的本质是事物内部固有的属性，本质是区别于其他事物的普遍属性；而价值是客体对主体产生的效应关系，因为客体的存在促进了主体的发展，所以说，价值是客体对主体具有正向影响，促进主体朝着好的方向发展。在整个价值体系中，如果客体属性与主体意义一致，则会促进主体朝着好的方向发展。分析价值的本质，也就是价值所体现的是客体主体化的意义，客体通过满足主体的需要促使主体完善。客体主体化强调客体对主体的积极影响，通过客体的形态及固有属性通过大量的实践活动内化为主体的东西，为主体需要服务，客体内化为主体的过程始终以主体的实际需求为出发点。

---

❶ 丛圆圆，周乐瑞：《论职业教育课程价值的内涵与本质》，辽宁省交通高等专科学校学报，2017，19(4):50-53。

职业教育课程价值的本质贯穿于职业教育课程在价值领域的具体应用，是体现职业教育课程对学生及社会经济的需要服务的意义。职业教育课程价值具体表现为职业驾驭课程的内容充分体现教育性、专业性与职业性，这些功能属性将内化为学生个体的发展，学生个体根据自身的需要发展成为不同形态的人才，走向适合的岗位，推动社会经济的发展。课程的内化过程取决于学生的需求程度，尤其取决于社会经济发展的需求，当今时代，科技进步带来了产业结构方面的优化与升级，促进企业生产方式的多样化发展，因此需要多样化的技术人才。课程内化的过程就是培养出与产业结构、生产方式相适应的人才，不断发展，不断创新。所以，要探究职业教育课程价值的本质，需要掌握客体主体化的概念，作为客体的职业教育课程，通过向主体之一的学生传授相应的知识与技能，为另一个主体的社会经济的发展输送大量的人才，促进学生、社会经济的全面发展。这就是职业教育课程的本质所在。

第二节 职业教育课程的思想及结构

一、职业教育课程思想

（一）课程的专业方向上，遵循专业发展，强调优化专业设置、提升专业水平、推动专业数字化发展

教育部于 2021 年 3 月印发了《职业教育专业目录（2021年）》[以下简称《目录》（2021年）]，《目录》（2021年）强调了专业发展的五大特征：①强化类型教育特征，服务技能型社会建设；②中高本一体化设计，体现融通贯通理念；③对接现代产业体系，提升人才供给质量；④推进数字化升级改造，构建未来技术技能；⑤遵循职业教育规律，服务终身学习需求。

针对以上专业发展，职业教育课程需要紧紧围绕专业发展生成课程，在打造课程体系的过程中，需要体现职业教育类型的特征，相关的技术、专业、数字化技术需要贯穿于课程设置的始终。

（二）课程的内容设置上，以培养复合型人才为导向

高职教育的课程本身是实践性较强的课程，所以技术、技能方面的内容在课程中占的比例较大，但高职教育课程的能力目标并不能单纯归为技能、技术的获得，还包含其他能力的培养。

高职教育课程的技能一般包括智力技能、动作技能，智力技能是指依靠智力解决问题的能力，动作技能是指单纯的动作完成任务的能力。有的学者从其他角度切入，将技能分为再生性技能及创造性技能，如图3-3所示。

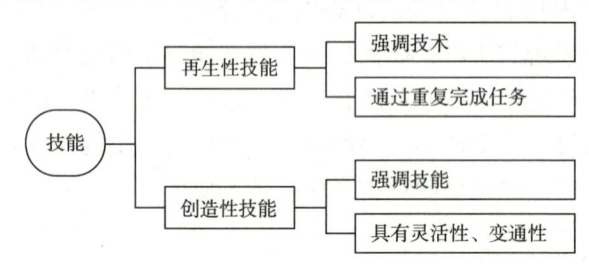

```
           ┌── 再生性技能 ──┬── 强调技术
           │                └── 通过重复完成任务
    技能 ──┤
           │                ┌── 强调技能
           └── 创造性技能 ──┴── 具有灵活性、变通性
```

图3-3　高职教育技能分类及特点

再生性技能是在活动中，通过重复动作完成任务，适用于各种情境，本身不需要调整或进行轻微的调整，体现了固定性，如日常中的打字、跑步、加减等。

创造性技能是指在技能活动中，需要运用综合能力制订计划，在活动中根据情况调整，具有较大的灵活性、变通性，如产品设计、视觉传达、艺术创造、竞技比赛等。

再生性技能强调技术，创造性技能强调技能，但实际活动中，两者并非单独出现，而是通过共同作用完成具体活动。实际活动中部分属于再生性技能，部分属于创造性技能。

高职院校以培养复合型人才为目标，复合型人才兼具创造性技能、再生性技能，同时复合型人才还具有创新精神、开拓能力。现代企业的岗位对人才的要求越来越高，主要表现在原来一些放在企业高层的决策与管理，开始下沉到中间、基层岗位，尤其处在一线岗位上的人才，需要决断力与应变能力，所以培养复合型人才是当下高职教育工作的重点。

复合型人才的培养也是时代发展的必然结果。随着自动化程度的不断加强，许多再生性的动作技能被现代化的机器替代，但创造性技能却无法替代，因此创造性的技能的价值越来越高。当然现代化机器并不能完全替代再生性动

作技能，两大技能仍然是高职院校学生学习的重点技能。故高职院校设置课程内容的时候，要突出技术性、技能型，为培养复合型人才努力。

（三）课程的知识框架上，注重创造性

操作能力、应用能力、创新创业能力是高职教育课程强调的重点，尤其应用能力和创新创业能力，强调学生未来可以在工作中根据不同情况进行创造性运用，解决各种实际问题。应用能力和创新创业能力的培养反映在课程知识上，强调学生要抓住知识本身的规律，自觉、自主建构知识框架，形成体系性构建，便于理解整体性知识，并进一步内化为能力。在设置课程的知识框架是要结合课程本身的特点，注意以下三个方面：

（1）高职教师要提升创设学习情境的能力，要尽可能创设便于知识表达、贴近生产的学习情境，与学生在探索中形成良好的师生关系，积极引导学生完成知识的迁移，为学生灵活掌握知识提供条件。

（2）高职教师要提升评价的能力。对学生的评价要采取多元化的评价模式，尽可能将评价放在具体的实践中进行评价，多关注学习过程的进步。另外，还要培养学生自我评价的能力。

（3）高职教师要着力提升培养学生创新创业的能力。培养学生的发散意识，从不同层面切入所学内容；培养学生的创新能力，鼓励学生在现有知识的基础上，根据自己的兴趣，拓展知识的深度与广度，并向实践转化的能力。

总之，创造性的知识框架能培养学生的个性，促进学生知识迁移。学生在与知识不断交互的过程中，加深了对自我的认知，能取长补短，促进能力的提升。这种方式符合复合型人才的成长规律，有着积极的意义。

（四）课程的设置上，设置公共基础课程和专业技能课程，促进人才的全面发展

2019年，教育部颁布了《教育部关于职业院校专业人才培养方案制定与实施工作的指导意见》（以下简称《指导意见》）[1]，在课程设置上规定，中等、高等职业院校课程设置分为公共基础课程和专业（技能）课程两类。

1. 严格按照国家有关规定开齐开足公共基础课程

《指导意见》指出了中等、高等职业学校的公共基础必修课、选修课或限定选修课的课程内容，见表3-2。

---

[1] 中华人民共和国教育部：《教育部关于职业院校专业人才培养方案制定与实施工作的指导意见》，（2019-06-11）[2021-8-27]。

表3-2 中等、高等职业院校的基础课程规定

学校层次	基础课程	课程内容
中等职业学校	公共基础必修课	思想政治、语文、历史、数学、外语（英语等）、信息技术、体育与健康、艺术
	必修课或限定选修课	物理、化学、中华优秀传统文化、职业素养
高等职业院校	公共基础必修课	思想政治理论课、体育、军事课、心理健康教育
	必修课或限定选修课	马克思主义理论类课程、党史国史、中华优秀传统文化、职业发展与就业指导、创新创业教育、信息技术、语文、数学、外语、健康教育、美育课程、职业素养

全面推动习近平新时代中国特色社会主义思想进课程，中等职业学校统一实施中等职业学校思想政治课程标准，高等职业学校按规定统一使用马克思主义理论研究和建设工程思政课、专业课教材。结合实习实训强化劳动教育，明确劳动教育时间，弘扬劳动精神、劳模精神，教育引导学生崇尚劳动、尊重劳动。推动中华优秀传统文化融入教育教学，加强革命文化和社会主义先进文化教育。深化体育、美育教学改革，促进学生身心健康，提高学生审美和人文素养。

根据有关文件规定开设关于国家安全教育、节能减排、绿色环保、金融知识、社会责任、人口资源、海洋科学、管理等人文素养、科学素养方面的选修课程、拓展课程或专题讲座（活动），并将有关知识融入专业教学和社会实践中。学校还应当组织开展劳动实践、创新创业实践、志愿服务及其他社会公益活动。

2.科学设置专业（技能）课程

专业（技能）课程设置要与培养目标相适应，课程内容要紧密联系生产劳动实际和社会实践，突出应用性和实践性，注重学生职业能力和职业精神的培养。一般按照相应职业岗位（群）的能力要求，确定6—8门专业核心课程和若干门专业课程。

二、职业教育课程结构

课程结构是指课程各部分的组织、配合，即合理分配课程内容，将内容串联起来形成一定的逻辑关系。课程结构可以分为纵向结构和横向结构，如图3-4所示。

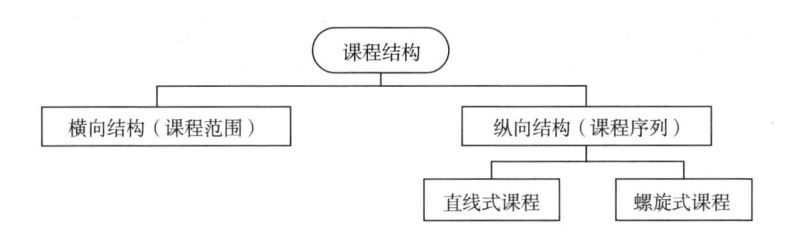

图 3-4　课程结构分类

高职课程维度从宏观视角探讨了课程应包含的全部内容的总和，而高职教育课程结构则主要是从中观的角度确定课程的内容和逻辑关系，具体来说，包括课程的内容结构和内容的逻辑结构（以下简称"逻辑结构"）。内容结构要解决某一专业的课程应包含的知识、技能和情感的具体内容，即按照系统思想将课程分成哪些模块；逻辑结构则要解决各个模块所包含具体课程内容的逻辑关系，如图 3-5 所示。

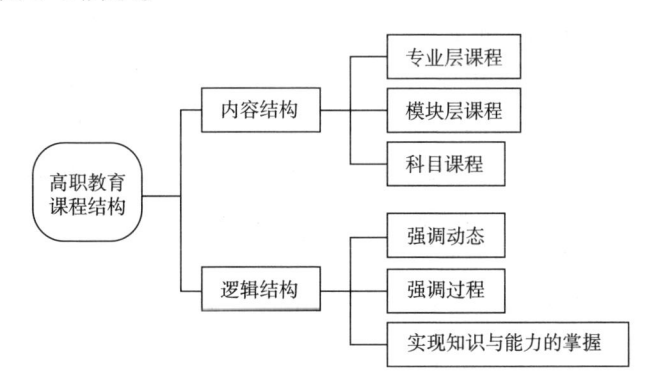

图 3-5　高职教育课程结构

（一）高职课程的内容结构

按照系统分析，高职课程的内容结构需要满足知识、技能、情感三方面的需求，从上到下进行分析，可以分为专业层课程、模块层课程、科目课程三层，这三层按照由宏观到微观、由笼统到具体的逻辑顺序设置。

1.高职课程的专业层课程

高职专业层课程是指根据高职专业培养目标、专业核心能力、核心课程、主要实践环节及职业资格标准，确定本专业应掌握的知识、能力和情感。

知识：包括显性知识、隐性知识。

能力：包括职业能力、实践能力、动作能力、岗位适应能力等。

情感：职业道德的塑造、价值观的培养、创新精神的养成。

2.高职课程的模块层课程

高职课程的模块层课程是在专业课程的基础上，对专业课程进一步的划分，即将专业课程划分为若干模块，按照一定的维度划分，各模块之间具有内在的逻辑关系。

（1）模块层课程按知识、能力和情感三个维度进行划分，理出专业课程需要掌握的基础知识及能力。

（2）模块课程通过总结现代企业各岗位的需求，提炼各岗位的共同因素建立模块课程，将这些因素按一定的逻辑综合起来，最终规划出专业课程。这些课程内容呈现出综合性的特点，一方面，这些内容涵盖了多个岗位需要的知识与技能；另一方面，一些特定的职业岗位技能在课程中也有所体现，便于对专业知识及技能的掌握。模块层课程的目标是为了培养复合型人才，为继续教育、终身教育提供前期的准备。

3.高职课程的科目课程

科目课程在三层课程中处于基础性地位，是高职课程体系中的最基本组成要素，它与专业课程、模块课程的关系为科目课程是两大课程的具体化，同时，高职教育在课程开发、课程实施时，都要依照科目课程开展。

科目课程是高职教育课程具体开设的课程，以教材、实验等形态表现出来，科目课程的设置一般结合高校发展的情况、特色进行设置，其设置的合理与否，直接决定着高职专业质量的好坏。所以，高职教育课程的设置，要坚持科学、合理的原则，要以专业层课程、模块层课程为参照，以知识与技能为主线，以学生知识、技能、情感的发展为目的，这样才能建立科学、合理的科目课程。

（二）高职课程内容的逻辑结构

高职课程内容的逻辑结构注重课程内容的时间顺序、空间逻辑，体现循序渐进、层次分明的特点。因此逻辑结构是否安排合理，成为制约职业教育课程改革的关键。

当前，我国的高职课程逻辑结构参照的是普通高等教育的课程模式，为学科体系课程结构，也叫作三段式课程结构，即课程细分为文化课、专业基础课、专业课。

文化课的学习是为专业基础课学习打基础。

专业基础课的学习是为专业课学习打基础。

专业课在文化课及专业基础课的基础上接受系统的知识与技能的学习，最能反映高职高专学生职业能力培养的是实践、实训课程，高职人才培养方案专业课程中理论和实训课程的占比往往分别要达到50%。

这种模式也存在着弊端，如割裂了理论知识与实践知识。所以，三段式的课程结构需要进一步调整。一些学者通过研究得到学生的认知心理顺序与岗位工作顺序一致，所以，可以针对特定的工作过程环节来学习相关内容，实现理论知识与实践的统一。这就是基于过程性的建构课程模式。此时课程不再是线性知识的复制与再现，而是隐性知识的形成与建构，实现陈述性知识与过程性知识的统一。建构课程模式进一步完善了课程的内容，促进学生知识与能力的掌握。

第三节 职业教育课程开发模式及课程构建

一、模块课程开发

（一）模块课程相关内容

"模块"是个引进词。沃里克（D. Warwick）对模块课程的定义是："模块"是一个单位的课程内容，它有自己的起点和终点，可以对其增加一些模块，以完成更大的任务，或取得更为长期的目标。

国际劳工组织在20世纪70年代开发的培训模式（MES）将模块课程定义为：模块是指在某一职业领域、工作范围内，将一项工作划分为若干部分，这种划分要符合实际工作的程序和工作规范，要有清楚的开头和结尾。另外，CBE课程称模块为教学单元，这些单元有明确的起点和终点，能在适当的时间内，如在几周内完成。

CBE使用的模块，是以能力为依据构成的，即运用DACUM图表对一个具体的岗位进行职业分析，每个岗位需要的能力大致由10个左右的一级能力组成，每个一级能力又分解为若干个二级能力。每一个二级能力所需要的工作步骤、工具、知识、态度、标准等内容，就是一个模块的内容，可称为能力模块。

MES使用的模块，是以技能为依据构成的，即运用职业领域分析、职业分析、职责分析、任务分析等一系列分析，将一个具体岗位所需要的技能层层分解。针对每一项技能所涵盖的"任务"，确定学习目标、所需设备材料和工具、操作步骤和标准（含必要的知识）、考核等内容。每一个任务对应的学习内容称为"学习单元"，若干个学习单元组成一个模块，若干个模块为一个模块组合。每个模块组合对应一组相关技能，每个模块对应一项技能，可称为技能模块。

模块课程模式强调以问题为中心的课程综合化，并以职业分析为依据划分模块，不从学科体系出发，而从职业对从业者素质实际要求出发，以工作过程的各任务之间的内在逻辑关系，围绕能力或技能形成组织教学内容。

模块课程具有综合性、灵活性、开放性、定向性、小型化和个性化六大特征。综合性即每一个模块都有明确的教学目标，并围绕特定内容，整合学生经验和相关内容，构成相对完整的学习单元。灵活性即在每一组模块系列中，可以选择从任意一个模块开始学习，甚至可以在模块之间进行跳跃选择。开放性即课程模块具有自我更新功能，可以补充。定向性即以某一职业岗位或岗位群，或者某一技术领域的要求为课程目标取向。小型化即模块是与长周期的课程相区别的一种教学单元，便于教学内容灵活安排，便于学生自由选择与自主学习。个性化即模块课程的灵活性与开放性，为学生自主选择个性化的课程提供了可能。

（二）模块课程的开发

高职教育模块课程最初借鉴西方模块课程的内容及方式，经过不断的发展，形成了具有中国特色的模块课程开发。我国的模块课程经历了引进→改造→自销的历程，当前开发的模块课程主要有两类：集群式模块课程、"DKD"模块课程。

1. 集群式模块课程

集群式模块课程，简称KH模式，其按照广吸收、有创新的原则发展，典型特点是宽基础、活模块。集群式模块课程学习分为两个阶段，第一阶段——宽基础，第二阶段——活模块。

（1）第一阶段——宽基础。这一阶段学习的内容，是广泛学习相关专业的知识与技能，是强基础的阶段。其开发的步骤，如图3-6所示。

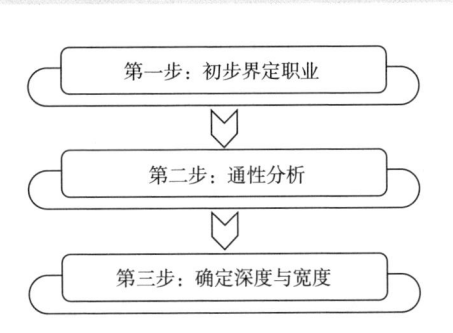

```
第一步：初步界定职业
      ↓
第二步：通性分析
      ↓
第三步：确定深度与宽度
```

图 3-6 "宽基础"课程开发步骤

"宽基础"阶段课程开发针对职业本身特点及学制灵活安排，如果学制较长，那么知识与技能可以宽一些、深一些，可以考虑知识的完整性与系统性。如果学制较短，那么知识与技能可以相对窄一些、浅一些，强调知识与技能的专业性。"宽基础"的时间一般设置为一年左右，有的设置为一年半甚至两年。

（2）第二阶段——活模块。针对某一特定岗位需要的知识与技能开展强化学习，在学习过程中以技能的获得为重点。其开发的步骤，如图 3-7 所示。

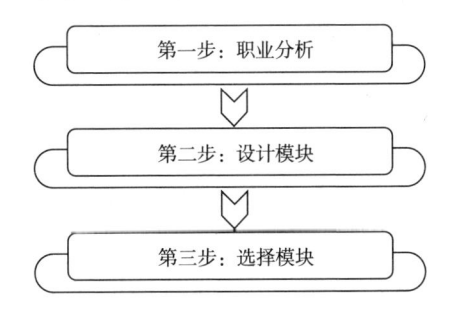

```
第一步：职业分析
      ↓
第二步：设计模块
      ↓
第三步：选择模块
```

图 3-7 "活模块"课程开发步骤

"活模块"阶段的课程开发以"用什么""学什么"为准则，精准把握实际需求，灵活把握可供选择的模块课程。

2．"DKD"模块课程

"DKD"模块课程中，"D"代表大专业，"K"代表宽专业基础，"D"代表多专门化方向，综合起来，"DKD"模块课程是从多元整合的现代职业教育课程观出发，遵循系统化原则，以培养综合职业能力为导线的课程模式。

"DKD"模块课程将教学内容分为文化基础课模块、专业基础模块、专业化方向模块。其中文化基础课模块由基础课、拓展课组成，主要培养学生的基本文化素养、政治素养、道德素养等；专业基础模块的课程强调知识的广泛性，同时还注重知识的应用，包括知识模块、基本技能模块。专业化方向模块中有多个专业方向，每个专业都涵盖一个岗位群，专业课程的设置主要解决岗位群的共性问题。

"DKD"模块课程模式的基本特征包括以下五个方面：

（1）专业设置上，根据市场需求设置专业，根据职业岗位群需要设置专业。

（2）课程开发上，倡导校企合作，以培养学生的职业能力为目标。

（3）课程内容上，选取实践性较强的内容，通过综合形式展现。

（4）课程体系上，以多样化为原则，坚持理论联系实际开发课程。

（5）课程评价上，根据企业标准来制定课程标准，以此提升学生的综合素质。

二、项目课程开发

项目课程的产生可以追溯到 16 世纪，到了 20 世纪项目课程迎来了大发展，以著名的教育学家凯兴斯泰纳为代表，他发起了"劳动学校"运动。

（一）项目课程的内涵与特征

高职教育的项目课程是指围绕工作任务选择的课程内容，其学习方式通过解决问题的过程进行的课程模式。项目课程的目的是加强课程与岗位之间的联系，通过理论与实践的结合，提升高职学生的综合能力。

项目课程属于任务本位课程，区别于技能训练课程、项目本位课程，它主要通过思维分析，以任务为导向来开展课程。其运行逻辑是按照具体的项目要求，通过教、学、做来实现课程构建，将项目课程的各个环节综合起来形成一个完整的工作过程，学习流程为：

接受任务→完成任务→成果展示→学习评价

通过以上流程完成项目课程。同时，项目课程还涉及两大概念—工作任务和工作项目。工作任务是指某专业领域具体岗位上需要完成的任务，这一任务相对独立；而工作项目是由若干个相关的工作任务组成，进而形成工作领域。因此两者之间的关系是分总关系。有人将项目课程等同于课程项目化，即根据职业能力培养的需要，结合区域产业发展对人才的需要，结合专业基础课、专业课的内容设计成具体的训练项目，根据训练项目跟进教学与评价，实现人才培养目标。

项目课程的特征包括以下内容：①项目的结构与完整的工作过程结构相一致，突出综合职业能力的培养；②依据工作任务的需要选择知识理论，知识理论依附于工作任务进行组织；③项目有明确、具体的结果（某一产品或某种服务等）；④在情境化的项目活动中以学生为主体开展教与学。

项目课程的显著特征表现为：①任务引领、过程导向；②学做一体、理实结合；③动态变化、适应市场；④能力为本、强化技能；⑤师生互动、高效教学。

（二）项目课程的开发

1. 开发方式

项目课程的开发方式有三种，见表3-3。

表3-3 项目课程的开发方式

开发方式	特点	适合专业
循环式项目课程	课程内容以从简单到复杂的系列典型产品或服务为主线展开，每个项目都包括该门课程全部任务所构成的完整工作过程，且其工作过程是基本一致的	机电类、建筑类专业
分段式项目课程	一门课程只选择一个大型的、完整的综合项目，它涵盖了该门课程需要学习的所有工作任务；根据工作任务界限，把这个项目划分成若干部分（小项目），学生按照工作顺序分段逐步完成各小项目，最终完成整个项目	计算机应用、国际商务等专业
对应式项目课程	分别围绕一个个工作任务进行项目设计，项目与工作任务之间是对应的，围绕一个工作任务可设计几个项目	物流、财会、酒店服务与管理等专业

循环式项目课程虽然工作的过程重复，但项目不同，内容也不会重复，随着项目的推进，拓展学生的能力。例如，一门课程如果需要学生完成四个任务，需要从简单到复杂的过渡，即先从简单的任务入手，逐渐加深任务难度，最终完成任务，如图3-8所示。

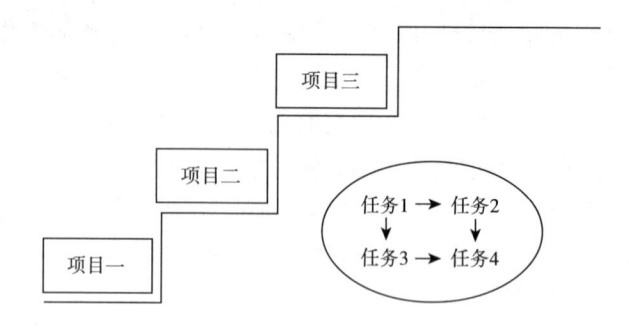

图 3-8　循环式项目课程模式

分段式项目课程将项目进行分解，分解成若干个小项目，学生按照顺序依次突破小项目，最后完成整个项目。例如，一门课程可以分为四个任务，依次进行，最终完成。需要注意的是小项目需要注重完整性，如图 3-9 所示。

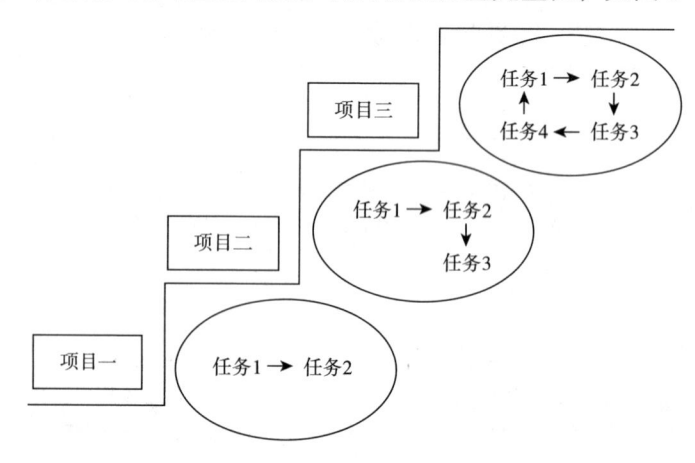

图 3-9　分段式项目课程模式

对应式项目课程是根据任务的情况设计几个项目，课程的工作任务完成的难度与产品或服务等具体内容无关，也不存在内在的联系，如图 3-10 所示。

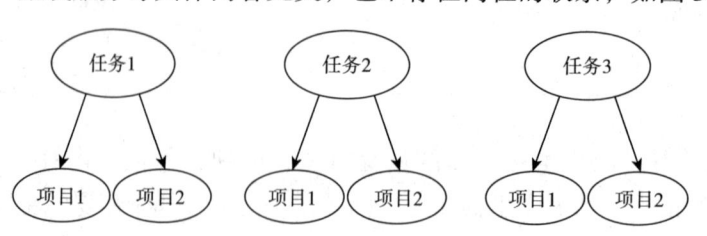

图 3-10　对应式项目课程模式

2.项目课程的开发流程

项目课程开发应坚持以职业能力为主线、以职业生涯为背景、以社会需求为依据、以工作结构为框架、以工作任务为线索、以工作过程为基础等原则，经历社会需求分析、工作任务分析、课程结构开发、课程内容开发、教材开发和教学实施分析等基本流程，每一开发环节有不同的主体、过程和目标，见表3-4。

表3-4　不同开发环节的主体、过程和目标

基本流程	基本过程	开发主体	开发成果
社会需求分析	通过分析某一岗位需求的人才市场数据，经过分析取舍得出结论	行业、企业人员、学校教师	专业培养目标包括专业业务范围和人才规格
工作任务分析	划分某一岗位群所对应的岗位工作内容，进行分门别类	生产一线的专家、少量课程专家	工作任务分析表
课程结构开发	分析工作任务表，将工作任务各模块转换成课程内容，整合成课程体系	专业教师、课程专家	课程体系
课程内容开发	确定科目课程的教学目标，分解阶段性的教学任务，组织课程内容，构建具体行动	专业教师、行业专家、课程专家	科目课程标准
教材开发	依据课程标准确定教材的体例，编写教材，并构建辅助教材资源体系	专业教师、课程专家	教材
教学实施分析	按照项目课程的特点，合理安排教学和评价办法，明确教学条件，如师资、教学设备和教学场所等	专业教师、课程专家	科目课程教学实施方案

以上的流程中，工作任务分析、课程结构开发、课程内容开发这三项是决定项目课程开发的核心，工作任务分析是项目课程开发的基础性工作，课程结构开发关系项目课程开发的合理性，课程内容是项目课程开发的最终结果。

在上述流程中，工作任务分析、课程结构开发和课程内容开发是决定项目课程开发成功与否的核心环节，可以认为，工作任务分析是项目课程开发的基础，是在充分调研的基础上得到清晰、分明的工作任务分析表；课程结构

开发是项目课程开发的关键，要以工作任务阶段得出的结论作为划分课程的标准；而课程内容开发则是项目课程开发的落脚点，课程内容的选择和组织应立足于工作任务分析的二次开发，明确课程的教学目标和阶段性教学目标，构建行动化学习项目。

3."项目课程"的开发层次

宏观设计上，围绕专业培养方案进行设计，分为基本素质课、专业能力课、通用能力课，方案中要围绕职业能力相关的课程内容展开，加入教学评价相关的内容，保证教学质量。

微观设计上，围绕课程进行个性化设计。一般来说，项目课程可以围绕以下项目展开：

项目课程 A

工作项目 1：

工作任务 1—知识、技能、态度、行为规范

工作任务 2—知识、技能、态度、行为规范

工作任务 3—知识、技能、态度、行为规范

工作项目 2：

工作任务 1—知识、技能、态度、行为规范

工作任务 2—知识、技能、态度、行为规范

工作任务 3—知识、技能、态度、行为规范

项目课程 B（同上）

高职教育的项目课程围绕工作任务展开，通过解决若干个工作任务，获得职业能力的提升，当前很多高职院校积极尝试此种课程，取得了很好的效果。

三、高职教育课程构建的程序及构建原则

（一）职业教育课程构建的程序

高职教育课程构建的程序包括明确培养目标、设计课程结构、确定课程内容、开展课程评估四个流程，如图 3-11 所示。

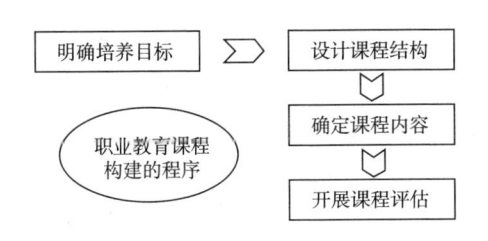

图 3-11　职业教育课程构建的程序

1. 明确培养目标

高职教育的培养目标多种多样，不同专业的培养目标不同，但都围绕着社会需求发展，以培养复合型人才为目标。高职教育培养人才是为了适应市场的需求，满足企业岗位需求，增强学生对岗位的适应力，方便学生获得岗位自信，解决更多的实际问题。高职教育在培养目标上，强调理论结合实践，注重培养学习能力的同时，培养学生的动手能力、操作能力、转化能力，最终实现创新。因此，培养目标非常关键，它决定了高职教育的发展方向。

2. 设计课程结构

课程结构包括本门课程、教学活动、课程知识、课程技能，这些又可以视为教学要素。在设计课程结构时要把握以下两点：

在纵向结构上，要突出教学要素在时间上的关联性，保证所有的课程都围绕学生能力的提升而设计。

在横向结构上，教学要素要强调空间上的关联性，表现在学科与学科、学科与社会、学科与学生之间的关联。在这当中，学科要与社会需求发展相联系，最终的导向是解决社会的实际问题。

3. 确定课程内容

在确定课程内容之前，需对职业需求充分分析，将岗位需要的相关知识、技能、素质、价值观有机整合起来。

（1）教学内容的组织，一方面，可以借鉴已有的课程框架组织相关内容；另一方面，通过选取职业活动中的代表性、典型性内容来组织教学内容。

（2）课程内容要涵盖基础性知识、专业基础知识、专业知识，坚实理论联系实践的原则，将课程整合成综合课程和模块课程。判定是否为核心内容组成必修课和选修课。在教学活动中，通过实践活动来组织教学内容，这样可以淡化基础课与专业课的界限。

4. 开展课程评估

课程开发的最后一个环节是课程评价，课程评价的目的是及时发现教学活动的不足，通过判断课程设置、衡量课程的实际结果，衡量课程的价值。课程评价系统一般分为目标系统、内容系统、方法系统、实施操作系统，课程评价会围绕以上要点进行评估。

当然要开发优秀的课程，反复的评估与反馈是必要的，当下高职院校在课程开发过程中，经常出现重视课程设计而轻视课程评价的问题，需要进一步加强课程评价建设，优化教育成果评估指标体系和调查问卷质量，建立健全毕业生跟踪调查制度，有可能成为职业教育课程开发突破"瓶颈"的关键环节。当前，国内的课程评价主要分为外部评价和内部评价。内部评价主要是指对学生掌握知识程度的评价，一般以学生的课业成绩为标准；外部评价与外部市场直接联系，该评价难度较大。

（二）职业教育课程构建的原则

1. 课程的设置上，坚持职业导向原则

职业教育不同于普通教育，普通教育专业强调学科知识的完整性和系统性，培养学生的专业的理论、宽广的视野、较强的创造能力；对于职业教育来说，强调实用和实效，注重能力特别是动手能力、操作能力的培养，而这些能力与不断变化着的市场联系在一起，市场决定着岗位的设置，岗位随着市场变化而调整，岗位的要求也随之发生变化，所以高职教育需要培养学生的岗位适应力，即使发生了变化，也会通过学习或者知识迁移胜任新的岗位变化，这其中的动手能力、操作能力、创造性能力都将是学生胜任岗位的基本能力，帮助学生适应不断变化的岗位需求。所以高职教育在教学过程中要紧紧围绕职业导向设置课程，把握市场发展动向，紧密跟随市场，为市场需要输送更多的复合型人才。

2. 课程的开发主体上，坚持多元化原则

职业教育的课程开发关涉到多方面的利益主体，涵盖了社会、企业、学校、教师与学生群体等不同层面的人员，因此应坚持利益主体多元化的价值准则。这一准则关系着人才培养是否符合社会与市场的要求，决定着课程开发的成败。中职课程开发要符合社会需求，因此了解市场的具体要求就显得至关重要，而对此有发言权的不是学科专家，也不是任课教师，而是那些长期在相应职业岗位上从事实际工作的技术人员、工程师和管理者，是那些已经在实际工作岗位上做着具体工作的广大职校毕业生，他们的意见、建议和感受能反映出对职业人才培养的具体要求，有益于课程开发的正常开展。这就需要聘请相应的社会人员参与课程开发，与他们共同分析、共同研讨，使他们成为课程开发中一支重要力量。

3.课程目标的设定上，坚持具体化原则

在设定课程目标时，要坚持具体化原则。一方面，无论是每门课程的目标还是课程开发的总体目标，都需要有明确的宗旨和统一的指导思想，以驾驭具体的工作；另一方面，子目标的设定需要具体化，尽可能指导具体行动。此外，课程开发要以目标为导向展开，有了目标就有了开发的方向，没有了目标课程开发就显得盲目了。当然，目标的本身需要科学、合理，是经过充分研究制定出来的，能真正反映职业能力及岗位需求，能真正遵循学生的身心发展特点。

4.课程结构上，坚持模块化原则

模块化的课程结构是教育内容编排成便于进行各种组合的单元。一个模块可以是一个知识单元，也可以是操作单元，还可以是一个情境模拟单元。比如通过设立模拟财会室，可以让学生置身于仿真的环境中从事账务处理工作，增加真实感。同一模块既可以供一个专业使用，也可以供几个专业共用；学生既可以根据自己的需要选学不同的模块，也可以对模块做增减。

【下篇·课程构建】

第四章 职业教育教师教育课程与教学

第一节 教师教育改革与高职教师角色

一、我国教师教育发展及特点

在较长的一段时间内,我国一直用"师范教育"来表述培养教师的活动,随着时代的发展,"教师教育"开始取代"师范教育","教师教育"强调教师的主导作用,具有全面性、开放型、准确性的特点。我国在20世纪80年代中期以来,教师培养既有完整的职前师范教育体系,也逐步建立了教师在职进修的教育体系,前者为师范院校,后者为教育学院和教师进修学校等,形成了完整的职前、职后教育体系。虽然我国的教师培养还存在着不少问题,但用"师范教育"来概括我国所有的教师培养活动显然已经不合适,只能用"教师教育"来概括才更为准确。我国目前的"教师教育"包含了教师教育的全部形式——职前培养和在职培养、基础教育教师培养和职业教育教师培养。过去我国的"师范教育"不仅是指职前教师教育,而且还是限定在培养中小学基础教育的教师方面,存在着局限性。

20世纪80年代末特别是90年代以来，我国职业技术教育发展迅速，但由于长期受狭隘的师范教育观念和制度的影响，忽视了对职业技术教育教师的培养，所以运用"教师教育"的概念来概括我国教师的培养活动更全面。另外，"教师教育"这一概念高度概括了我国教师教育发展的新阶段。教师培养不仅限于职前教育和在职教育，还包括教师终身教育和专业化教育。

到了20世纪90年代，职业教育的教师培养开始注重学历的提升，对于职前教育，师范院校着重培养教师的学历，而对于在职教师来说，着重提升学历，通过自学、培训等方式实现在职教师包括职业教育教师学历的提升。通过不断的努力，教师的学历得到了较大的提升，能胜任教学、科研等工作。以往培养教师的途径主要通过师范院校，通过教师学历的提升，使培养教师的重任一部分转向高等院校，最终形成教师高学历化，教师培养、进修逐渐向着终身化方向发展，而教师的培养途径朝着多元化的培养方式发展，见表4-1。

表4-1 教师的培养途径

类别	途径
师范院校	开展职前教育，也开展在职教育 开始设立非师范类专业
综合性大学	开始设立教育研究部门，着手培养教育学研究生 建立高等教育研究所、硕士学位授予点、博士学位授予点

综上所述，教师的培养发展到今天，"师范教育"已经不能概括教师培养，取而代之的是"教师教育"，"教师教育"一词，涵盖了教师培养的多种途径，体现了教师培养的开放性特点。未来，开放型的教师培养成为高等教育体系中重要的一部分，大大拓展了教师培养的途径，同时使教师培养与国际接轨。开放型的教师培养不仅促进教师培养的多样化渠道，还以开放性的视角关照发达国家的教师培养经验，通过多渠道的经验汲取，使教师的培养在符合当前社会发展的基础上具有世界性。

我国的教师培养由原来的封闭模式转而走向开放的发展道路，迎来了其发展的黄金时期，教师教育改革与时俱进，高校积极适应时代的发展，利用先天优势来开展开放型教师的培养，取得了较好的成绩。今天的教师教育改革主要有以下几个方面的特点。

（一）开放性特点

教师教育的开放性主要针对封闭性而言，我国的教师教育的转型发生在20世纪末21世纪初，教师教育经历了由独立的师范院校培养到师范院校、高等院校共同参加的模式，而其培养形态也由原来的封闭性质转向多元开放的状态，原来的定向培养的模式也逐渐转向非定向培养的模式。

开放性特点体现在颁布的法律条文中，包括：

1999年，《中共中央、国务院关于深化教育改革全面推进素质教育的决定》提出："加强和改革师范教育，大力提高师资培养质量。调整师范院校的层次和布局，鼓励综合性高等学校和非师范学校参与培训、培养中小学教师工作，探索在有条件的综合性高等学校中试办师范学院。"

2018年，中共中央、国务院颁布了《关于全面深化新时代教师队伍建设改革的意见》（以下简称《意见》），其中涉及教师教育的有：大力振兴教师教育，不断提升教师的专业素质能力。提出实施教师教育振兴行动计划，形成以示范院校为主体，高水平的非师范院校共同培养教师的师范教育体系，实现"三位一体"（地方政府、高等院校、中小学）的协同育人机制，包括加强及时教育学科的加试，强化教师教育师资队伍建设。《意见》同时鼓励高水平综合大学加入教师教育的行列中，创造条件促进高水平综合大学成立教师教育学院，开设多样化的教师教育课程，培养高素质、复合型的教师。"2019年，我们将进一步加大师范院校和师范专业支持力度，启动建设国家师范教育基地和教师教育改革实验区，加强教师教育师资队伍建设，组织学科教学论等教师国内外访学研修，推进专业认证，出台中职、特教师范类专业认证标准，健全三级五类认证体系。研制师范生信息化教学能力标准，启动中小学教师信息技术应用能力提升工程2.0，启动国家职业院校教师教学创新团队建设等。"

以上的法律法规为教师教育的开放化、多元化发展指明了方向，在实施的过程中，教师教育机构的多元化发展，也促进教师教育质量的提升，具体表现在：形成师范院校与综合性大学在教育方面的同步运作，促进教师的学术水平的提升，专注于教育理论与教育实践的同步提升。同时，促进了职业教育方面的分离。开放化的教师教育体系的构建中，课程是重中之重，对于综合性大学来说，在学术及学科上具有先天的优势；对于独立师范院校来说，独特的教师教育资源、办学理念及文化视角都是培养教师的优势。因此，综合性大学及独立师范院校成为教师教育发展的主要阵地，在发展过程中，综合性的大学要与时俱进，改革原来的学科型课程模式，参考师范院校的课程体系，结合自身的课程优势来打造新型课程。独立师范院校要结合综合性大学在学术、学科上的优势发展自身具有的专业性的特性，构建教师教育课程发展方案。

开放型的教师教育体制符合当代教师专业化的发展，开放与专业是同步进行的，只有在开放型的社会中才能打造具有专业性的教师队伍，所以高校培养教师需要将开放型作为培养教师的重点，这样有利于提升学校的办学质量及办学效率。开放型的教师教育体制，并不意味着国家对教师教育改革的力度减弱，相反，国家是采取全新的方式加大对教师教育的投入，投到哪里，投的多少，都需要根据当前社会发展而定。国建会根据市场对教师的供求关系来及时调节教师教育投入，增强其投入的有效性。同时，国家鼓励广大高校加入教师教育的活动中，为壮大教师队伍做贡献。

（二）多样性特点

在世界范围内，教师教育体制可以分为三种类型即封闭型、开放型、混合型，如表4-2所示。我国的教师教育体制在建立之初走的是封闭型的模式，有专门的师范院校定向培养教师。随着我国教师教育体制改革的不断深入，封闭型的教师教育体制模式逐渐发展为开放型的模式。

表4-2　教师教育体制的类型

类型	特点	代表国家
封闭型	由专门的或者独立的师范院校进行培养	中国、俄罗斯、朝鲜
开放型	"一主多元"呈现出开放性、高学历层次性、专业化、职业化、终身化、一体化等新的特质与发展趋势	美国、日本、欧洲的一些国家
混合型	培养教师需要通过师范院校和综合性大学的共同培养实现	法国

开放型"一主多元"的模式，奠定了"以现有师范院校为主体，其他高等学校共同参与、培养培训相衔接的开行的及时教育体系"。目前我国的教师数量在逐年增减，但仍然存在着教师数量局部不足的现状，农村地区、欠发达地区的教师数量仍然不足，一些教育领域，如少数民族教育、特殊教育等也存在着师资力量不足。综合性大学在经验、条件上没有专门的师范院校发展充分，所以采取师范院校与综合性大学培养的多元化培养模式，对教师的培养具有十分重要的意义。

（三）一体化倾向

随着终身教育思想的深入，教师教育培养提出了教师教育一体化的概念，教师教育一体化结合终身教育思想，根据教师专业发展的不同阶段对教师职前培养及职后培养的系统化设计，最终实现教师专业素养的提升。因为教师教育一体化是一个整体的系统，需要从机制、目标、内容、方法、师资、保障六个方面展开，结合当代社会发展的需求，统筹机制，制定明确的目标，制定相适应的课程内容及教学方法，构建具有理论兼实践教学能力为一体的现代师资队伍，促进教师教育体系的高质量构建。六个方面主要的内容，见表4-3。

表4-3 教师教育培养体系的一体化策略

内容	目标	途径
机制方面	建立统筹实施机制	1. 建立教师教育一体化指导、管理机构，其实施依靠专项基金。 2. 各地加强教师教育资源的整合。 3. 师范院校要密切与中小学的合作
目标方面	整体设计发展目标	1. 国家层面，制定统一的目标。 2. 省级政府在国家制定的目标的基础上制定地方性的目标
内容方面	构建新时代课程体系	1. 统筹设计教师教育一体化课程。 2. 重视职前培养的课程结构设计。 3. 职后培训要通过中小学教师专业发展阶段的实际需求制定针对性培训
方法方面	多元教学方法	1. 职前教育主要以师范生为中心进行培养，实现多元教学方法变革。 2. 职后培训过程中，选取具有针对性、时效性的方法
师资方面	素质能力兼备的师资队伍	1. 制定教师教育一体化教师专业标准。 2. 师范生培养院校要强化师资的基础教育实践能力。 3. 注重培养学生的理论与实践能力
保障方面	构建完善的质量保障体系	1. 建立统一标准。 2. 完善评估激励，促进质量提升

（四）教师资格认证的专业性特点

教师资格认证制度是当今世界范围内流行的教师市场管理制度，我国的教师教育呈现出专业化的趋势，许多国家实行了教师资格认证制度，其中包括教师教育机构认定、课程认定，进一步推进教师专业化发展。在美国，教师认定有专门的教师教育认可委员会，主要负责制定全国统一的认证标准，对教师教育的教学计划、教育课程进行评估。美国的教育认可委员会还负责对教师教育机构进行资格认定，提升教师教育机构的综合竞争力，同时进一步推动教师教育机构的专业化发展。目前许多国家在经过教师教育相关的权威机构认可后，其教师资格证书可以在全国范围内得到认可，这一制度也是成为教师的首要条件。

当前，我国的教师资格认证主要通过学习教育学、心理学，在成绩达标以后参加面试，合格即可颁发教师资格证，存在着认证内容单一，准教师的实践能力欠缺等问题。客观地讲，我国的教师认证工作尚处于初级发展阶段，认证的方式及内容有待进一步提升。今后的教师认证工作可以从以下几个方面加强：

（1）内容方面的提升。要着力提升教师资格认证的内容，紧扣教师教学理论及实践。教师资格认证所考察的不仅是教育知识，还包括相关的学科知识的考察；教师资格认证不仅考察一般性的知识，还包括各方面的综合能力，涉及教育机智、表达、写作、板书、阅读等方面的基本技能。

（2）教师资格认证不仅是指知识型考试，还要在教学实践领域拓展，在评价的过程中，还需要根据考试者实际的教学情况进行考察。

（3）在申请教师资格认证之前，要首先满足相关的学历、专业、教学经历等方面的硬性要求，如果缺乏教学实践经历，是不允许获得教师资格证的。

（4）当前我国的教师资格证在种类、形式上较为单一，需要进一步细化，通过设立不同的学科、不同的学段来制定教师资格证，通过设立等级差别、年限等细化教师资格认证。

（5）除了官方的教师资格认证外，引导行业的学术团体和中介组织介入认证机制中，增强教师资格认证的专业水平。

（五）教师教育手段的信息化

信息化时代的教育手段，要求教育也要实现信息化、现代化，信息化不仅改变着人们的生产与生活的方式，也改变着人们的学习方式，因此教育方式也会发生变化，依靠现代信息技术，可以促进教师的终身学习，为其职业的发展提供了良好的条件。无论是职前教育还是职后培训，信息技术为大规模的开展师范教育及全员培训提供极大的便利。当前，我国的教师教育应当凭借现代信息技术，与教育领域的资源充分融合，打造现代化的教育手段来培养教师。

教师教育信息化的进程可以推动教师教育的跨越式发展，教师教育实现了职前及职后的信息化便利，对于准教师，在学校可以凭借信息技术的便利，学习现代化的教学方法，充分利用现代多媒体资源，拓展知识的广度与深度，大大增强了时代性；对于之后的教师培训，教师可以通过在线的远程教育手段，打破空间，甚至时间的界限，以不同的教育形式来共享现代教育资源，实现教学成果的转化。因此，现代信息技术运用于教师教育领域，无疑实现了教师教育的大发展，为培养高素质、高质量的人才奠定了基础。

在 2021 年 8 月 4 日印发的《教育部 财政部关于实施职业院校教师素质提高计划（2021—2025 年）的通知》中，为了提升职业院校广大教师的素质，明确提出了："面向职业院校骨干教师，采取集中研修、项目实操等形式，分阶段开展研修。研修内容主要包括职业教育信息化制度标准、数字化教学资源开发制作应用、在线教学组织实施和平台使用、混合式教学组织实施、VR（虚拟现实）、AR（增强现实）、MR（混合现实）、AI（人工智能）等新一代信息技术应用、教学管理信息化应用。"❶ 实现信息技术助力现代职业教育的发展。

二、高职教师的角色

高职教师的角色同一般高校的教师所扮演的角色是一样的，人在社会中扮演着两大角色，即社会角色、职业角色，高职教师作为教师，所扮演的首先是教书育人的角色，教师教会学生各方面的技能，为社会培养所需要的合格的人才，为社会主义现代化建设做贡献；除了教书育人外，教师充当着管理者、疏导者等角色。教师的职业角色包括理论与技术的指导者及担任人类灵魂的工程师角色，如图 4-1 所示。

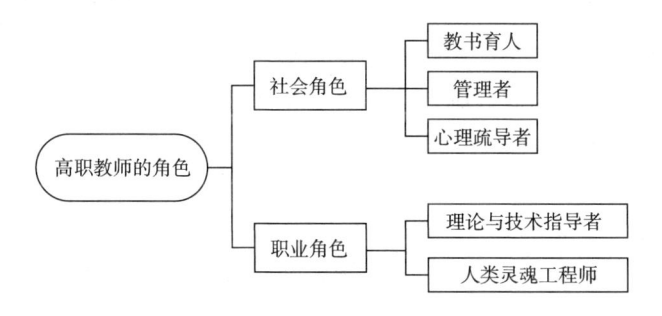

图 4-1 高职教师的角色

---

❶ 中华人民共和国教育部：《教育部 财政部关于实施职业院校教师素质提高计划（2021—2025 年）的通知》，（2021-09-14）[2021-08-04]。

（一）高职教师的社会角色

社会角色是指由人们的社会地位所决定的，表现出符合社会所期望的行为和态度的总模式。社会角色包括三层含义：

（1）一套社会行为模式，每一种社会行为都是特定的社会角色的体现。

（2）由人们的社会地位和身份所决定的，角色行为真实地反映出个体在群体生活和社会关系体系中所处的位置。

（3）符合社会期望的，按照社会所规定的行为规范、责任和义务等去行动的。

任何一种社会行为，不仅反映出角色扮演者的社会地位及其身份，而且体现出个体心理、行为与群体心理、行为及社会规范之间的相互关系。个体在特定的社会关系中的身份反映了个体在社会关系中所处的地位，它是个体的社会职能、权利和义务的集合体。每种社会身份都伴随有特定的行为规范和行为模式，当个体产生为自己的社会身份所规定的行为规范和行为模式时，便充当了角色。

高职教师的社会角色是职业教育目标的实施者，是接受高等职业教育的学生的专业学习的授业解惑者，人类文化、专业知识的传播者，学生人格的塑造者，学生学习的引导者，学生技能生成的培训者，言传身教的教育者。具体体现在以下几点。

1.教书育人的角色

进入高职院校的学生正处青春期，是人生观、价值观形成的关键期，所以高职教师同样肩负着培养德、智、体诸方面发展，有社会主义觉悟、有文化的劳动者的重任，担负着从中学教师手中接过承上启下传递人类文明的接力棒的义务。这就决定了高职教师在高职教育中继续充当教书育人的角色。这种角色主要体现为：教学角色——是人类知识的传授者，教育角色——是言传身教的教育者。

（1）人类知识的传授者。这是所有教师的共性，教师是学生学习的发动者、组织者、引导者、评价者。高职教师的职责就是要把专业知识、技能传授给学生。在教学中做到："博"就是给学生以丰富的专业知识，扩展学生的专业视野，开启学生的专业兴趣；"深"就是给学生"术业有专攻"的认识，引导学生进一步深入学习专业；"新"就是要补充专业的最新知识、成果，以激励学生积极地学习，为站在专业前沿而努力。因此，高职教师要胜任知识传授者的角色，必须是某专业某一学科的专家和学者，且有较深的造诣，同时兼备求新、求变的创新精神。因此，热爱高职教育工作，对学科教学充满热情，有钻研的能力，善于运用心理学和教育学的原理，以适应高职学生各种特点的方式传授知识，是高职教师必备的职业能力。

（2）言传身教的教育者。处于高职环节的学生是在老师、父母等的叮咛、嘱咐中成长起来的，听得多了，言教已失去了原有的功效。要在学生高职学习期间进行思想品德教育，提高学生的思想觉悟，培养学生良好的道德品质，仅停留在言教的程度上是不够的。所以头顶教师光环的高职教师在向学生传授知识和技能的同时，还需肩负教师的荣誉工作——为社会的进步、国家的兴旺、中华民族的梦想，以为人师表的楷模出现在学生的面前，用每一个教师的言传身教来宣传伦理道德、社会政治原则，以期对学生施加更大的正能量的影响。从某种社会意义上来说，教师的身教意义更大。所以教师要从思想上、政治觉悟上严格要求自己，以自己的身教来激励学生健康地成长。

2. 管理者的角色

高职学生在学校期间都是通过班级为单位的集体方式来进行学习和开展各项活动的。高职教师在教学过程中，不仅担负着教书育人的角色，还要从事大量课堂内、外学生学习的管理工作。因此，在学校的工作中，高职教师还要充当管理学生的管理者角色。

（1）学科学习的领导者。高职院校学生实行住校管理，班级是学生在校期间的最基本、最主要的正式组织，宿舍是正式、非正式群体基础单元，学生通常以班级、宿舍为单位参与学科的学习，完成课内课外教师所安排的各类学习任务。例如，为了更好地培养学生分析问题、解决问题的能力，教师经常布置一些专业性较强的综合题目，用团队合作形式，让学生相互学习、自由发挥、创造性解决问题。教师只给予建设性的指导意见，考评标准。这时教师就转身成了各个学习团队的领导：下达任务，督促任务完成进度，不时给予纠偏控制，验收任务完成情况，进行评价、总结。在整个过程中，不仅对正式组织成员的活动进行管理，还需对正式组织中的非正式组织的情况进行观察与引导，以有效保证学科学习任务完成。

（2）课堂纪律的管理者。高职院校中有一部分学生的学习自觉性欠缺，随着年级的提高，一些学生更是放松对自己的要求，经常出现迟到、旷课现象，有的甚至出现以宿舍为单位的群体性违纪情况等。为了维持正常的课堂教学秩序，达到学科课程教学的预期目的，传递正能量的积极影响，教师必须根据学科教学目标，通过民主程序，制定必要的学科学习的要求和规则，并以此作为依据对学生施以学科学习管理的奖励或惩罚，还可适当放权，让学生进行课堂纪律的自治管理等。最终目的是让学生形成自觉遵守课堂纪律，自觉地形成控制和约束自己行为的能力，将注意力集中到学科的教学内容上。教师的主要任务是完成教学任务，所以也不能本末倒置地将课堂教学的重心放至纪律问题唠叨上，将纪律执行者的角色扮演超越学习指导者的角色。如何当好课堂纪律的管理者，处理好其中的主次矛盾，需要教师结合自己的教学特点和学生的具体情况进行综合应对。

3.心理疏导的角色

学校历来被视为培养人才的摇篮，是学习知识的神圣殿堂，但不可否认：学校也是一个社会的缩影，同样能折射出一些社会现象和社会问题。高职院校是学生集中的场所，高职学生都是一些处于青春期阶段的学生，有着许多青春期特有的意愿、情感、需要和价值观等方面的困惑和困扰，而扮演着亦师亦友角色的教师，自然不能缺少为学生提供化解青春期疑难问题的帮助。

（1）人际关系的协调者。人是社会动物，人与人交往的过程中会产生各式各样的关系。社会人群中因交往而构成的相互依存和相互联系的社会关系，即为人际关系，包括朋友关系、同学关系、师生关系、雇佣关系、战友关系、同事及领导与被领导关系等。其中同学关系、师生关系是高职学生学习期间的主要人际关系，除此之外，因各种原因促成的高职学生在校期间的"打工"经历，也让他们需要面对雇佣关系、同事关系、领导与被领导关系等。

处于正在成长，准备步入社会的每一个学生，均有其独特的背景、生活态度、个性和不太成熟的思想、行为模式及价值观，在与社会现实碰撞的过程中会产生他们能面对、不能面对，能接受、不能接受，能处理、不能处理的诸多现实问题和关系。由于人生经历的浅薄和不足，学生在错综复杂的关系中，内心容易集聚越来越多的焦虑，甚至最后搞得焦头烂额、应接不暇，采取逃避的认知态度。高职教师在课堂教学以外，应主动尊重学生，把学生视为学习的主体，重视学生的意愿、情感、需要和价值观，与学生进行交流，在努力协调师生关系的同时，关注学生的人际交往关系，适时给予建设性的意见，使学生在面对各种人际关系时能够尽量进行有效沟通和交往，逐渐形成良好的人际沟通技能。

（2）心理健康的导向师。由于社会竞争日益激烈，学生在校学习时既要应对学业压力，又要考虑离开校门后的就业问题等，多种因素造成高职学生的心理压力越来越大，心理状态令人担忧。就目前的情况看，学生的精神问题主要表现在紧张、自闭、抑郁、焦虑、偏执、强迫、精神分裂等方面，其原因大多是学生的心理问题没有得到及时的调适和疏导。常见的几种心理隐患为：

第一，交际困难造成心理压力。大部分学生为独生子女，由于家长的过分包办而不会独立生活，不知道如何与人沟通，缺乏为人处世的能力，有的同学发展成自闭倾向，更不愿与人交往；有的同学为交际而交际，不惜牺牲原则随波逐流。

第二，对网络产生过于强烈的依赖性。互联网的遍及，一方面为学习带来方便，为生活带来精彩；另一方面为交际困难学生提供了逃避的心理世界，有些大学生对网络的依赖性越来越强，离开网络就无法正常学习和生活，沉溺于虚拟世界，自我封闭，与现实生活产生隔阂。

第三，角色转换与适应障碍。九年义务教育再加三年的高中学习都只为一个目标——上大学，大学是中小学老师和家长口中激励学生学习的目标，所以学生心中形成了自己理想大学的想象。当学生跨入大学校园后，发现现实学校与理想大学差距太远，特别是高职院校的社会认可度、办学水平、政策环境等各方面与本科高校相比还存在着差距，容易让学生在进入校园后产生心理上的巨大落差。因此，高职学生易出现失意、无聊、混文凭等各种不健康的心态，这些心态的存在严重影响学生的自信心。另外，高职的教育模式也易让学生因不适应而造成心理困惑。

第四，学习与生活的压力。一些高职学生所学专业并非学生自己的兴趣选择，易造成他们长期处于冲突与痛苦之中。另外高职除专业课程学习以外，另有相关技能证书的要求，极可能导致高职学生强迫、焦虑甚至是精神分裂等心理疾病。

一方面高职教师应该随时随地指导学生健康地生活和学习，克服种种心理失常或心理障碍，把学生从过度的焦虑、孤僻、羞怯、嫉妒、猜疑、自卑、冲动、执拗、抑郁、亢奋中解救出来，以发展正常心理，防止各种心理问题的发生；另一方面，在学生遭受心理挫折和痛苦后，教师要设法创造一种谅解和宽容的气氛，减轻学生的痛苦，并及时提供帮助、咨询和诊断，治疗学生的心理疾患，以增强他们的自信心和自尊心。

（二）高职教师的职业角色

1. 学者与不断学习者

高职教师应是某一专业学科的行家或专家，应具有学者的风度和气质，除在专业学术领域有所建树外，还应是学生专业知识及技能的"学习库"，如此才能达到称职教师的标准。除早先学历教育已储备知识外，知识的再储备和更新是学者随时面对的工作要求，所以只有不断地学习，做一个孜孜不倦的学习者，才能符合高职教师的要求。

（1）要学习专业知识，精通本专业的基础知识，把握专业发展的方向，用最新的专业知识组织教学内容，这是搞好教学的前提。

（2）要学习教育理论，掌握有关教育学、心理学的原理，随时对学生学习、生活进行心理分析，找出学生心理"症结"，针对性地采取有效的教学措施，这是搞好教育工作的关键。

（3）除学习相关的知识外，寻找机会，采用各种形式提高自己的专业技能，能动口、能动手才符合高职教育模式，增强教学效果，适应高职学生的发展需要。

2. 人类灵魂的工程师

教师是教育人的人，教师是"人类灵魂的工程师"，这既是对教师的赞誉，也是对教师的期望，更是赋予教师的使命。教师要为人师表，他的道德和学识使其在学生乃至公众的心目中具有一定的威望。虽然教师也应该像其他公民一样，有生活、思想和行动上的自由，但教师永远不可避免地扮演榜样的角色。这是因为社会性学习主要通过模仿来进行，对于学生来说，一个成功的教师无疑是他们崇拜与模仿的对象。教师作为社会文化价值与道德准则的传递者，很容易被学生看作代表和具有这些价值、准则的人，如果教师的言行能够与自己的说教相吻合，则学生容易受到积极的影响。因此，教师对学生要求做到的，教师自己必须首先做到，不仅在学校里要做到，在自己的家里，在社会上的公开场合也要严格做到。教师的表率，远远地超过了一个模范公民的作用，意义深远。

以上两类角色中，只有第一类角色中的知识传授者因是教师显著的、传统的、最本职的角色，而被社会大多数人士认同，也被许多教师本分地执行，同时是教师职业最外显的工作任务，易于作为考核度量的项目。课堂纪律的管理者和其余的角色具有或多或少的内隐性，角色的到位依赖于高职教师对自己清晰的认识，清楚地知道自己是一个怎样的人，自己需要什么，自己的努力方向和职业追求。

第二节　高职教师教育与课程专业化创新

一、高职教师教育的发展概述

在本章第一节中提及了我国教师教育发展的基本情况，这里不再赘述，早期的高职教师教育是沿着普通院校的教师教育发展轨迹发展的。对于职业教师教育来说，起步较晚。最早兴起于20世纪90年代，在职教领域掀起了职教教师继续教育的浪潮。1999年，国家颁布了《面向21世纪教育振兴行动计划》，文件提出要建设职教师资培训基地，用于提升职教老师的综合能力。又在同年的7月，颁发了《关于组织推荐全国重点建设职业教育师资培训基地的通知》，明确规定了职业教育师资培训基地的建设思想、建设原则、建设任务及评审办法，之后在全国范围内甄选职业教育师资培训基地，最终有六家单位成为全国职业教育师资培训的示范基地[1]。

2001年，教育部印发了《关于"十五"期间加强中等职业学校教师队伍建设的意见》，规定依托高等学校建立350个左右中等职业教育师资培养培训基地，提升中等职业教师师资的整体力量。时隔五年，在2006年，教育部、财政部联合印发了《关于实施中等职业学校教师素质提高计划的意见》，着重提升中等职业学校教师的素质，昭示了我国职业教师的继续教育迈向了新阶段。2019年教育部等四部门印发《深化新时代职业教育"双师型"教师队伍建设改革实施方案》，提出提高教师教育教学能力和专业实践能力。这一文件符合当下职业教育对师资发展的要求。

高职教师与普通院校的教师相比，其独特之处表现在高职教师的目的是培养高技能人才。高职教师教育作为宏观教师教育体系的重要部分扮演着重要的角色。从广义上讲，高职教师教育与普通教师教育的过程相似，包括职前培养及职后培养，一方面，高职教师在成为专业教师之前应当有充足的知识积

---

[1] 这六家单位为上海宝钢集团公司、海尔集团、四川长虹电子集团有限公司、中国一汽集团公司、东风汽车公司、苏州工业园区职业技术学院。

累、一定的经验能力；另一方面，高职在职教师需要顺应时代发展潮流及时更新知识结构、拓展能力、强化技能，增强岗位的适应性。从狭义上讲，高职教师教育是通过各种形式的教育活动，为高职院校培养合格的教师队伍而进行的教育。特别强调的是，在终身教育理念的影响下，高职教师的职后继续教育显得非常重要，高职教师需要紧跟社会、企业的客观需求，拓展自身能力，培养更多的合格人才。

二、高职教师教育的内涵

（一）高职教师教育的特点

高职教师教育的特点受其自身的性质及教师培养目标决定，是多种元素共同作用的结果，主要表现为以下三个方面的特点。

1. 专业性

从目标维度来说，高职院校培养的学生目标是培养社会需要的复合型人才，即同时具备知识与技能，这就要求高职教师具有较高的专业知识与专业素养，能引导学生掌握知识与技能。因此在培养高职教师的过程中，要实现很好地服务对象——学生，就要彰显教师的专业性。另外，高职教师与一般的高校相比，有着自身的特色，因此在培养教师的过程中，也要强调教师的专业性。

2. 实践性

高职院校培养的学生既要求掌握一定的理论，也要求学生有较强的实践能力。因此教师的培养也特别强调教师的实践性。体现在高职教师在具体的教学过程中，要将实践意识贯穿于整个学习之中，有意识地培养学生的创新能力、实践能力、动手能力，促进理论在实践中的转化，同时通过实践加深对理论的认知，为进一步创新奠定基础。

3. 超前性

教师教育的超前性主要表现在，其一，和普通高等院校的教师一样，教育者必须先受到良好的教育才能更好地指导学生；其二，教师教育与教师开展实际教学之间还存在着时间差，因此教师教育具有超前性。

（二）高职教师教育的目标

高职教师教育的目标对高职教师教育的开展具有指导意义，教育目标称为教育目的，教育目的有以下三层含义：

一是培养人的总目标，规定着把受教育者培养成为什么人的根本性质问题，是教育实践活动的出发点；

二是教育目标是指各级各类学校、各专业的具体培养要求；

三是教育目标是指教育事业发展的目标，是培养人才的一种预期的结果，规定着人才应该达到的质量与规格[1]。

从以上含义出发，可以将高职教师教育目标理解为为了培养合格的复合型人才而对高职教师提出的质量与规格的要求，教育目标规定了要培养的教师需要达到何种素质，同时，高职教师教育的目标也决定了教师教育发展的方向，所有的教育活动需要围绕目标展开。

（三）高职教师教育目标的内容

按照教师发展层次的不同，可以分为青年教师、双师教师、骨干教师、专业带头人、教学名师五个层次，这五个层次按从低到高的顺序排列，其教育目标及内容有所区别，一般来说，对不同层次的教师教育目标的设定应当遵循知识目标、能力目标、素质目标、道德目标四个维度，各维度下又有不同的分支，依据这四个维度共同构建教师各发展阶段的教育目标，如图4-2所示。

知识目标	能力目标
专业知识 科学知识和人文知识 学科知识 教育知识	沟通能力 教育决策能力 教育技术能力 批判反思能力

素质目标	道德目标
专业素质 身心素质	专业道德 基本道德

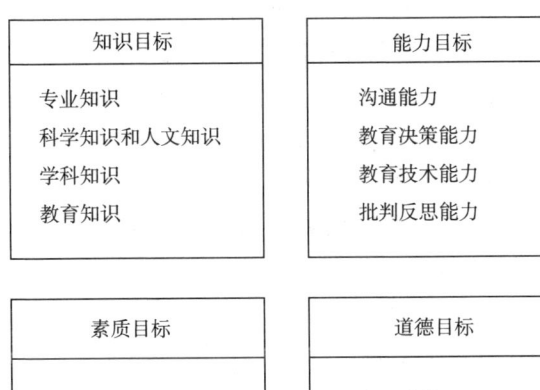

图4-2　四大维度构建教师教育目标

（四）高职教师教育的必要性

高职教师教育为高职院校培养兼具专业知识与能力的教师，对高校发展

---

[1] 顾远明：《教育大辞典》，上海，上海教育出版社，1998。

特色项目、发挥地区优势具有积极的作用，同时在社会中，高职教师扮演着教书育人的角色，对整个社会的发展有着重要的意义。

1. 职业教育的特点需要发展高职教师教育

当前，国家非常重视职业教育的发展，高等职业教育迎来了大发展。从高等职业院校的属性来看，具有以下三个特点：

（1）高职教育具有市场选择性。高职教育的教育目标紧扣当代市场的需求，与市场保持紧密联系，培养的是社会需要的技能型人才。高职教育培养学生强烈的竞争意识，以及能在未来岗位上独当一面的能力，而要提升市场的适应力就需要全面加强高职教师教育，提升教师的实践能力与动手能力。

（2）高职教育具有岗位适应性。可以说，职业教育在培养学生的过程中，一直贯穿着实践理念，因此要求学生在上学期间要掌握基本的操作技能，在实习时能顶岗或上岗工作，掌握一定的实用技术及技能，而学生的岗位适应性也需要教师充分了解市场情况，明确需要的技能及素质。因此要提高学生的岗位适应性，还需要加强高职教师教育，使教师具备较强的能力。

（3）高职教育具有职业岗位拓展性。这与市场千变万化的特点联系在一起，市场需求的变化影响着岗位职能的变化。单一的实践技能无法满足多变的岗位需求，因此需要培养学生的岗位适应能力，培养学生的应变能力、岗位适应能力，朝着多维度、多方向发展，实现自身能力的迁移，而学生的这种能力的形成，需要教师全方位的指导，贯穿于学生培养的整个过程。回归教师教育，需要加强教师在该方面的能力。

高职教育的以上三个属性要求教师教育不断开拓新的培养、培训模式，尤其加强职业教师的继续教育，全面提升高职教师的业务能力及专业素养，实现各方面能力的全面提升。

2. 社会及高职教育的发展的客观要求需要加强高职教师教育

从社会发展来看，社会的进步带来了生产力的大发展，同样在精神领域也有了进步。通过教师教育可以培养高职教师乐观的人生态度、积极的态度及进取的精神，成为发展社会主义精神文明的倡导者与先行者，影响高职院校的广大师生。

从高职教育自身的发展来看，高职院校在整个高校体系中占有重要的比例，每年为社会输送大量专业性人才。另外，我国的高职教育发展的格局已经形成，形成了较为完善的现代高等职业教育体系，涵盖专科层次、本科层次、研究生层次的职业教育，如图4-3所示。

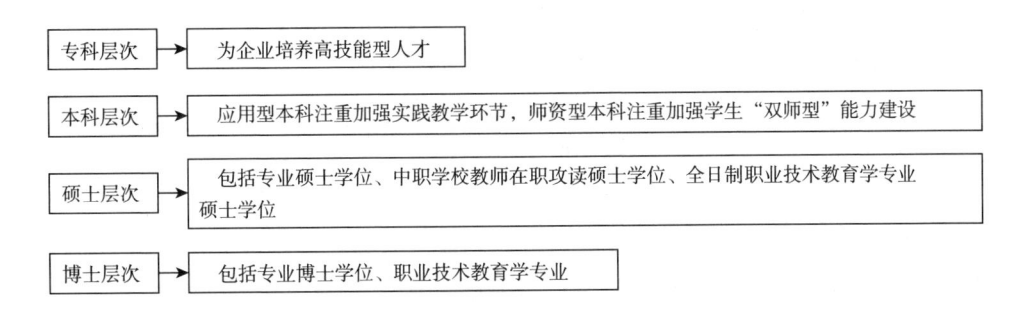

```
专科层次 → 为企业培养高技能型人才
本科层次 → 应用型本科注重加强实践教学环节，师资型本科注重加强学生"双师型"能力建设
硕士层次 → 包括专业硕士学位、中职学校教师在职攻读硕士学位、全日制职业技术教育学专业硕士学位
博士层次 → 包括专业博士学位、职业技术教育学专业
```

图4-3 现代高等职业教育体系

另外，高职教育培养学生的模式也发生巨大的变化，由传统的学院模式转变为以就业为导向的模式，使高职教育的学生培养与市场相结合，随供需而调整，大大加强了高职教育在人才培养上的作用。高职教育体系及培养学生的模式的变化，都昭示着高职教育迈向了更高的层次。高层次的教育，需要高水平的师资力量，所以高职教师教育的发展要紧跟时代潮流，培养高水平、高素质的教师队伍。

三、高职教师教育课程专业化创新

本文的高职教师教育课程的选择主要针对高职教师的职后培训课程做阐述。当前，高职教师职后的培训力度较小，亟待专业化的课程培训。

（一）高职教师教育课程创新的基本原则

（1）要坚持以人为本的原则。美国的成人教育家诺尔斯提出："成人教育必须尊重成人学习的自主性；重视成人自身积累的经验，成人的课程选择要与其人生发展阶段任务相适应"，基于本观点，在设置高职教师教育课程时要坚持以人为本的原则，在课程设置上要围绕高职教师的现实需求展开。

"以人为本"一词是将人作为发展的起点及落脚点，通过发展实现人与自然、人与社会、人与人之间的和谐发展。以人为本的核心是充分遵循人的发展规律，促使人扮演好社会角色，实现各项素质的全面提升。将以人为本的理念贯穿到高职教师教育课程中，需要将高职教师作为教师职后培训的重心，课程的设置围绕具体教学展开，充分考虑教师及学生的发展，最终实现教师能力的提升。

"以人为本"的教师教育课程设置包括两类内容：首先，以教师的发展为本；其次，以学生的发展为本。一方面，教师课程培训的对象是教师，课程需要围绕高职教师的需求展开；另一方面，基于学生的发展是教师在实际的教学活动中服务于学生，其获得的知识与技能最终要通过学生来检验成效，所以两大发展构成了教师教育课程的主要内容。

这里只针对教师发展的课程做详细阐述，设置时主要遵循四大原则，即以教师的学科知识发展为本、以教师的教学能力为本、以教师的道德素养提高为本、以教师自身需求的满足为本，如图4-4所示。

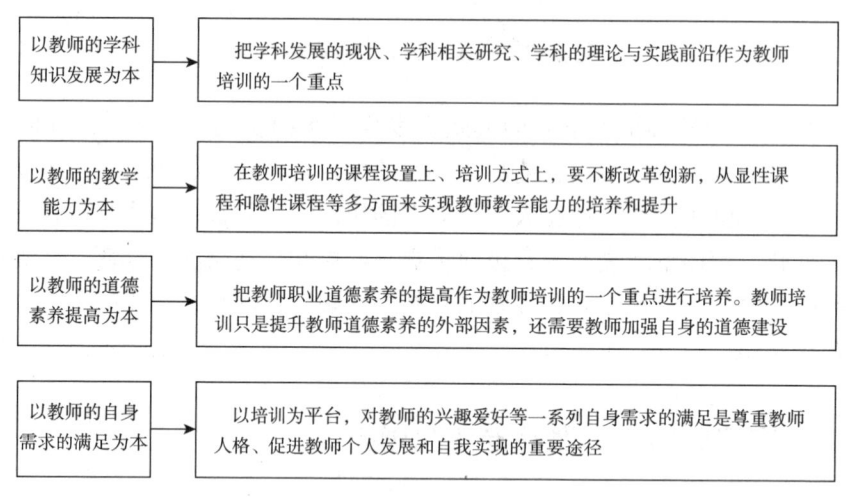

以教师的学科知识发展为本	把学科发展的现状、学科相关研究、学科的理论与实践前沿作为教师培训的一个重点
以教师的教学能力为本	在教师培训的课程设置上、培训方式上，要不断改革创新，从显性课程和隐性课程等多方面来实现教师教学能力的培养和提升
以教师的道德素养提高为本	把教师职业道德素养的提高作为教师培训的一个重点进行培养。教师培训只是提升教师道德素养的外部因素，还需要教师加强自身的道德建设
以教师的自身需求的满足为本	以培训为平台，对教师的兴趣爱好等一系列自身需求的满足是尊重教师人格、促进教师个人发展和自我实现的重要途径

图4-4 教师发展的课程设置原则

（2）坚持统一性与灵活性原则。基于以人为本的原则，在课程设置上要充分体现统一性与灵活性的原则。统一性强调理论与实践的统一，必修与选修的统一，显性与隐性的统一，在课程的设置上要突出时代特点，通过国家发展高职院校的重点方面进行突破，必修课强调基本的理论知识与技能，选修课突出兴趣及需求，做到张弛有度，设置合理。当然课程设置还要充分体现灵活性原则，课程需及时更新，根据参训教师的需求及学科的发展进行调整。另外，教师的层次不同，也应当选择适合的课程，如初任教师需要加强必修课程的比例，而对于骨干教师、优秀教师来说，需要侧重能力方面的提升。

（3）坚持实效性原则。主要体现在课程的内容及培训的效果上，在课程的内容设置上，要综合培训对象的客观需求，尽量满足多数教师的需求，确保培训的实效性。在培训的效果上，要加强培训教师的转化能力，即学到的知识、技能等转化为教学行动，指导学生的日常学习。教师在现有能力基础上不断提升，走教师专业化道路，培养社会及企业需要的人才。

（4）坚持"三全育人"原则。"三全育人"，即全员育人、全程育人、全方位育人。高校目前在"三全育人"上，存在着"全员"未到位、"全程"未贯通、"全方位"不完善，所以在课程实施过程中，要重视思想政治课的重要性，积极开设思想政治相关的教育。同时还要注重专业课程中的全人元素的挖掘，促进思想政治课程群的建设，积极统筹思想政治课程标准，实现理论教育的全方位覆盖，切实提高高职教育课程的育人目的，完善"十大育人"体系。❶

（二）高职教师教育课程专业化创新路径

1. 积极落实立德树人根本任务

立德树人的落实，即在课程设置坚持德育为先、以人为本的理念，加强思想政治教育、师德师风的建设，增强高职教师的思想政治意识及能力水平，将思想政治贯穿于实际的教学中，引导正确价值观的形成。立德树人与当代的"职业精神""工匠精神""劳模精神"等相契合，是社会的正能量，具有强大的感染力。高职教师需要充分具备崇高的思想政治觉悟，才能更好地引导学生形成正确的人生观与价值观，为社会主义现代化建设贡献力量。

2. 积极对接新标准，更新知识与技能

教师教育培训的课程需要紧跟时代大潮，具备新颖性。社会的发展衍生出大量新兴的专业，因此课程的构建要紧紧包括新兴专业的专业内涵，根据专业目录更新培训内容，紧跟高职院校教学改革的步伐，创新培训课程。课程还需要围绕培养复合型技术技能人才培养培训模式展开，学习企业先进技术，提升教师的能力。

3. 强化提升教育教学能力

教学能力通常是指教师为了达到教学目标、完成教学活动而采取的一种行为特征，教学能力又分为一般能力与特殊能力，一般能力包括认识能力、思维能力等，是开展教学活动需要具备的基本能力。特殊能力处在基本能力之上，包括课堂渲染能力、教育机智等。培训课程的设置需要从广度与深度上提升教师的能力，促进高职教师的理念转变、知识更新、技能提升。课程设置围绕的教师教学能力包括提高教师参与研制专业人才培养方案的能力、组织参与结构化模块式教学的能力、运用现代教育理论和方法开展教育教学的能力。培养高职教师教学能力的同时，还要加强培养高职教师的其他能力，如信息化教学能力、教材开发能力、教育技术能力等。

---

❶ "十大育人"体系是指课程、科研、实践、文化、网络、心理、管理、服务、资助、组织。

第五章　职业教育创新创业课程体系构建

第一节　创新创业教育课程体系概述

一、创新与创业

（一）创新

创新是人类发展的过程中为了满足自身的需求，发挥主观能动性对客观世界不断改造的过程与结果的活动。具体来说，创新是人类为了达到某种目的，在遵守客观规律的前提下，对客观事物进行变革，从而促进客观事物发展与更新的活动。

1. 创新的解读

创新表现为以下几个层面的含义：

（1）创新具有目的性，是为了解决某一特定的问题而开展的活动。

（2）创新存在于社会的方方面面，包括经济、社会、文化、生活等，创新的主体可以是政府、企业、院校、团体、个人等。

（3）创新的结果以取得的实效为评价标准，没有成效的结果不能称为创新。

（4）创新在时间与空间上具有相对性。如果脱离了特定的时间和具体的空间，创新可能不会成立。

2.创新的核心

创新的实质在于人类通过创新推动事物发展，不断更新思维及认知，认识物质世界的无限性，但受思维与认知的局限，常常对客观事物存在惯性思维、定向思维，这些都是影响创新的不利因素。所以，打破惯性思维，不断更新原有观念是创新的核心因素。

3.创新的特点

创新有别于发明，发明的本质是一种科技行为，而创新的本质是一种经济行为，具有以下几个特点：

（1）目的性。创新活动的开始离不开目的，并且目的贯穿于创新活动的始终，指引创新活动的方向。创新所强调的创新成效，不仅仅停留在是什么、为什么，还包括有什么用，所以创新是一个创造效益、产生成效的过程。

（2）新颖性。这是创新的最重要的特征，创新区别于模仿、再造，是在原有事物基础上的革新与突破，是勇于打破旧事物，建立新事物的活动。

（3）超前性。求新求变是对创新的概括，新与变都体现了超前性的特点，这种超前是在遵循客观规律基础上的超前。

（4）变革性。创新体现为变革，是对现有事物的革新与突破，促进新事物的产生与发展。

（5）价值性。创新必然带来社会效益、经济效益的产生，对经济、社会的发展起着积极的作用。通过创新活动重组生产要素，提升生产效率。对于企业来说，创新的价值在于创造了丰厚的利润，为企业带来经济的增长与竞争力的提升。

（6）风险性。创新活动具有不确定性，常常伴随着风险性，所以创新可能取得成功，带来持久的成效；也可能失败，造成巨大的损失。因此，在开展创新时，要充分规划与严格实施，尽可能降低创新的风险性。

（7）动态性。创新活动具有动态性，创新随着时代的发展不断变化，且现代社会的快节奏直接导致变化越来越快，所以没有一劳永逸的创新，只有迎合时代发展，不断变革与突破，才能实现人类社会的持续发展。

4.创新的类型

从不同维度展开,创新可以分为理论创新、科技创新、文化创新三类,如图 5-1 所示。

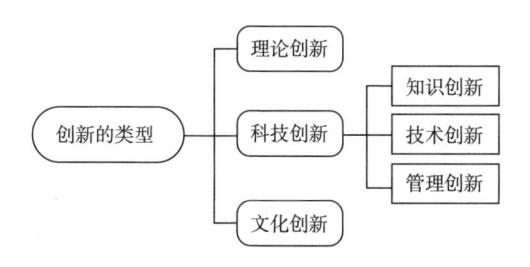

图 5-1 创新的类型

理论创新,是创新活动的核心,一般来说,理论的意义在于指导人们的实践创新活动,当发生新的情况时能利用理论进行客观分析和理性解答,能在新的变化中发现新的理解,对新事物做出新的解答,是对人类历史经验、现实经验的理性升华。

科技创新,是社会各领域采用新的知识、技术、工艺、生产方式、经营管理模式等开发出新的技术与产品,提供新的服务的过程。信息化时代,创新主要包括知识创新、技术创新及管理创新。知识创新多指科学研究方面的理论、观念上的创新及指导人们认识世界、改造世界的世界观、方法论。技术创新是指新的科学技术推动着科学技术的进步,并促进科学技术转化为社会生产力,推动社会的发展,促进经济的持续增长。管理创新包括宏观的管理创新和微观的管理创新。社会政治、经济、文化、外交等方面的制度创新属于宏观管理创新。微观的管理创新是指某一领域、某一行业的管理上的创新。管理创新表现为可以整合各个环节的优势,充分利用现有资源,通过不断重组与配置,实现资源的优化利用,最终服务于人类社会,促进社会、经济的发展。

文化创新,即在文化领域发挥自我优势,实现文化的持久影响力。我国的文化源远流长,具有深厚的历史文化底蕴,且各地区形成了具有地域特色的文化圈,这些文化作为非物质文化遗产需要传承与创新。另外,文化的发展需要不断进行文化创新,促进中国文化产生更多的文化形式与文化体验,铸造文化强国。

(二)创业

"创业"一词,从广义上看,创业是创业者利用现有资源,不断优化与整合，创造出更多的经济效益与社会价值的活动。创业的最终指向可以是盈利性质，也可以指向非盈利；可以是经济领域的，也可以是社会其他领域。从狭义上看，创业指向盈利性质，是个人或者团体自主利用商机，通过整合资源、实际行动拓展市场，实现价值的过程。这里的创业具有目的性，直接指向利润。

1. 创业的解读

创业进一步解读应当理解为：

（1）创业是整合各类资源进行创造的过程，创业者需要发挥自身才智和付出努力。

（2）创业的落脚点是实现市场的商业价值的挖掘与转化，创业是将市场商机转化为商业用途的一个过程。

（3）创业价值的大小需要通过市场来评判，一般来说，创业产生的经济效益越好，创造的价值就越高，创业的价值也越大。

（4）创业以追求价值为目的，包括个人价值、社会价值等。

2. 创业的基本类型

创业的形式多种多样，按照不同的标准可以划分为不同的类别：

按照创业主体的性质不同，可以分为自主性创业、公司内部创业、公司附属创业、衍生创业等。

按照创业动机的不同，可以分为机会型创业、就业型创业。

按照创业项目的性质不同，可以分为传统技能型创业、高新技术性创业、知识服务型创业等。

按照创业资源的不同，可以分为资合型创业、人合型创业和技术性创业三种。

3. 创业的阶段

创业活动包含很多环节，需要经过不同的步骤、不同的阶段完成，一般来说创业分为四个阶段：自我认识阶段、创业准备阶段、创业启动阶段、经营新企业阶段。

（1）自我认识阶段。该阶段是创业的初始阶段，要明晰创办企业需要的各种条件及创办流程，要善于客观分析自身，是否具备创业的资本、素质、技能等。同时，创业的自我认识阶段还要充分考虑企业在发展过程中需要迎接的挑战，包括来自创业者自身的挑战、外部环境带来的压力与风险等。

（2）创业准备阶段。创业准备阶段，是创业活动的第二个阶段，分为确定创业项目、制订营销计划、组建创业团队、选择企业法律形态，如图5-2所示。

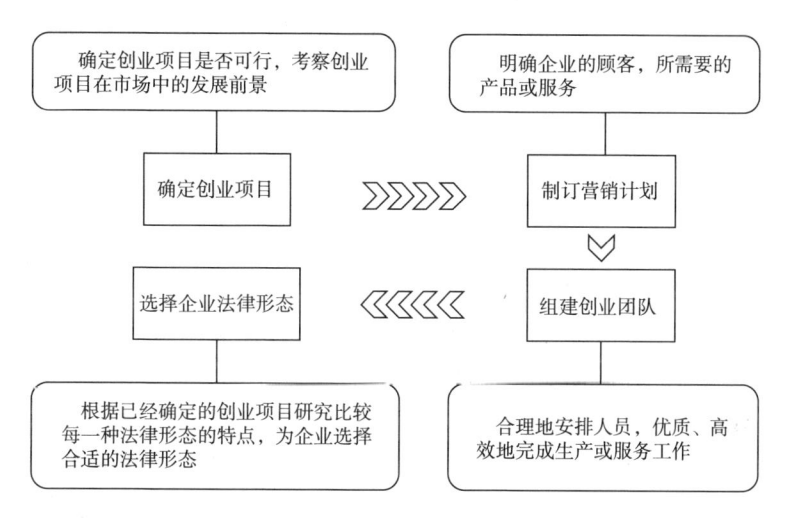

图5-2 创业准备的四个阶段

（3）创业启动阶段。该阶段包括登记注册、准备资金、制订创业计划。登记注册指要开办企业需要根据法律规定合法走开办流程，合规经营并要承担相关的法律责任。我国法律规定，开办企业必须经过工商行政管理部门的审核、批准后才能成为合格的企业。准备资金即准备企业所需要的基础设施建设、日常开支等，关注企业的盈利模式，建立合理的销售计划与运营模式，创造可观的利润空间。制订创业计划是指创业的详细步骤，计划表明了企业的发展方向，对企业经营活动具有指导意义。

（4）经营新企业阶段。企业开办之后，企业的管理者要做好内部的管理工作，涉及人员管理、财务管理、业务管理等，要具备应对各种风险与挑战的能力，处理好公司内部的关系。新企业的发展对创业者提出了较高的要求，企业的发展离不开创业者自身的不断学习与能力的提升，创业者的视野、魄力、领导力直接决定着企业未来的发展。

（三）创新与创业的关系

创新与创业相辅相成，两者之间无法割裂。创新是创业的基础及手段，而创新需要创业作为媒介显现。创业者只有走创新之路，才能勇立潮头，使企业具备竞争力，保持持久的生命力。对于高职院校的学生来说，要具有创新方面的能力，包括创新思维能力、创新技术能力、创新品质，拥有这些能力可以在社会主义市场经济条件下经历考验，获得生存。所拥有的创新方面的能力只有通过创业实践来实现其价值，如果没有了创业实践，创新精神也无从谈起，它成了无本之源。所以创新所具备的价值只有作用于创业实践活动才能充分显现，才能促进创业的成功。

二、创新创业教育

（一）创新创业教育内涵

创新创业教育即创新教育与创业教育的结合，也可以为对创业教育的一种创新。实际上，创新创业教育是将创新的理念与国外的创业教育结合在一起形成的全新的概念。1991年，在东京召开的创业创新教育国际会议上，对创新创业教育做了如下定义——能培养出一批具备冒险精神和探索精神以及自主创业能力和管理能力的教育活动。有的专家学者认为创新创业教育的最终目标是促进大学生养成创新创业的基本素质，促进大学生的全面发展，将创新创业教育归为新型的教育模式。

综合以上观点，笔者认为创新创业教育是以全体的大学生为教学对象，是一种适应时代潮流的新型教育模式。创新创业教育是一种融合着多种教育理念的新的教育理念，其培养目标是增强大学生的创业能力，培养创新精神，提高大学生的创新创业能力。创新创业教育作为颠覆传统的新的教育理念，主张产教结合，促进大学生综合素质的提升。

（二）大学生创新创业基础教育的必要性

大学生以及大学毕业生创业者作为我国创业创新的"中坚力量"与"中流砥柱"，对其加强创新创业教育具有一定的必要性。在2021年4月发布了《中国大学生创业报告2020》（以下简称《报告》），《报告》显示，在校大学生对社会创业持积极态度，高达49.86%的在校大学生有较强烈的社会创业意愿，其创业意愿比重成为历年新高，但是实际能够进行创新创业的人却较少。[1] 我国的大学生与其他国家的大学生相比，在理解交流能力、科研思维能力、管理能力、应用分析能力、动手能力上有较大的差距，当前国外高校非常注重培养大学生的以上五大能力，在我国，这些能力不够重视，因此当代大学生的整体职场就业能力不足，要改变这一现状，需要实现知行合一，鼓励大学生创新创

---

[1] 叶雨婷：《调查显示：近半数在校大学生有创业意愿》，（2021-04-26）[2021-09-16]。

业教育的开展，促进实践能力、创新能力的提升，为实现终身教育打下坚实的基础。

1. 要实现新的人才培养目标需要创新创业教育

当今时代是知识经济时代，需要的人才是兼具理论与实践能力的复合型人才，因此学生不仅要掌握大量的知识，还需要具备动手能力、创新能力，不断培养创新创业精神，为之后进入社会打下前期的基础。以往的人才培养重理论轻实践的模式已经不能适应高速发展的社会，取而代之的是通过创新来实现行业的整合与突破，实现经济发展模式的升级。

我国目前的发展需要通过创新来驱动发展，需要大量的创新创业人才，大学生不仅要具有创业精神，还要培养创新能力与实践能力，如图5-3所示。

这些都需要加强创新创业教育，这是当代经济对教育提出的新的要求，也是缓解大学生就业形势日益严峻的一大途径。

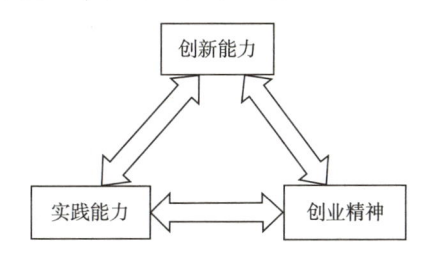

图 5-3 新时代要求大学生具备的三大能力

（1）新时代要求大学生具备创新能力。知识经济时代以现代高新技术为主导，在经济发展的过程中，需要知识与技术的不断创新，推动整个产业的升级。我国的经济要想快速、高效发展，需要保证高新技术走在世界的前端，这是解决我国经济发展的深层问题，提高国民经济综合实力的最佳路径。

当前，我国在发展中面临着巨大的挑战，主要问题是我国的科技成果虽然很多，但转化率较低，为30%左右，而发达国家的科技转化率为60%—70%。[1] 科研成果转化率低表现为：许多科研机构的成果较多，却无人购买，导致成果众多，转化较少，导致后续科研经费投入少，最终影响了新的科研成果，形成恶性循环；许多企业生产的设备及技术落后，却没有技术上的支持，导致企业生产效率低下，所生产的产品也失去了竞争力，面临着倒闭的危险。

---

[1] 凤凰网财经：《李毅中：中国科技成果转化率仅为30% 发达国家达60-70%》，(2020-12-05) [2021-09-16]。

以上两大表现的最大原因是社会缺乏创新。所以，国家要想取得经济发展的持久竞争力，必须进一步促进科技成果的转化率，实现科技成果转化为更多的生产力，通过创新创业手段实现经济的跨越式发展。

创新能力的强弱直接显示着国家和民族核心竞争力。当前，国家鼓励创新，通过不同形式的创新来促进发展，通过创新建设社会主义现代化经济体系。世界范围内各国也在加大创新创业的力度，通过创新来增强本国的经济实力，实现在全球经济发展中占据主导地位。所以，对于大学生来说，加强创新创业教育有助于大学生适应时代客观要求，所形成的创新意识及创新能力将进一步提高科技成果的转化能力。

大学生创新能力的培养，不仅表现为对已经学到知识的加工与整合、对新技术、新理念、新技术的创造与发明，还表现为创新理念与创新意识的形成，激发大学生的各项能力，能够把握时机，增强自身的应变能力。所以，创新创业教育有利于大学生的创造性思维的形成，激发其主动性，使大学生可以关联感兴趣及与兴趣相关的事物，激发他们的求知欲与探索欲，培养他们的整合能力，实现创新。

（2）新时代要求大学生具备实践能力。实践能力包括动手能力、适应能力、拓展能力。随着经济的发展，社会生产结构发生变化，对人才的要求也随之改变。目前，社会经济的发展需要复合型人才，复合型人才是指兼具理论与技能的人才，这些人才可以适应不断变化的经济，适应社会主义市场竞争机制，能在变化过程中及时更新能力，成为终身学习的典范。复合型人才因为不仅具备理论知识，还具备较强的实践能力，所以归到创新创业型人才的培养上。大学生创新创业教育关注学生的实践能力的培养，通过参加实际生产，得到亲身体验，大大增强了其动手能力，而大学生开展的创新创业活动，注重过程的展现，在过程中提升大学生的动手能力、组织能力、协调能力。另外，在活动中还能培养团队合作意识、语言表达、社交能力、行动能力、领导能力，为大学生日后成为创业者提供必要的条件。

（3）新时代要求大学生具备创业精神。当前大学生就业形势严峻，早期的创业精神的培养，可以帮助大学生进入社会后胜任所在的岗位，所以创业精神的培养至关重要。创新创业教育的目标是使大学生充分认识到创新创业在经济发展过程中的地位及作用，通过了解创业的过程，使学生了解到创业需要的各项技能，了解创业规划及企业规划等内容，为成为合格的创业者做准备。创新创业教育中的创新创业基础教育、创新创业基础训练都是培养学生各种能力的途径，为养成创新思维、提升团队协作能力、提高市场洞察力提供了条件。

2. 要适应就业形势需要创新创业教育

随着经济的稳步增长，国内的就业形势不断改善，但就业上仍有压力，主要表现在 2021 年我国城镇劳动力大约增长了 1 400 多万人，其中高校毕业生达到了 909 万人，总量压力较大。如何充分利用劳动力，一直是一个严峻的挑战。

高校从 1999 年开始大范围扩招，加快了高等教育大众化的进程，而高校毕业生的就业问题也成为大众较为关注的问题。当前大学生大量供给与市场需求之间的矛盾突出，高校毕业生面临着择业难、就业难的问题。

从 2008 年到 2021 年，全国高校毕业生数量由 559 万人已经上升至 909 万人。一方面是大学生的数量激增；另一方面是大学生普遍处于被动就业的状态，缺乏冒险精神与创业精神。所以，国家需更多的岗位解决大学生就业问题，而大学生的就业不应当仅仅为了安置岗位而就业，而是通过创新创业来实现人力资源的优势，将人力资源运用于新兴行业，为发展新兴产业贡献力量；而这些新兴行业所需要的是具有创新创业精神的大学生，因此加强大学生的创新创业教育势在必行。大学生在接受了创新创业教育之后不仅具备了创新精神与创新能力，还通过创业产生更多的岗位，成为解决就业的根本出路。通过创业，大学生找到了市场商机，能在擅长或喜欢的领域中深耕，这样大学生不仅是求职者还是岗位的创造者，吸引更多的志同道合的伙伴加入其中，为企业的壮大与发展奠定基础。当下高校的创新创业教育在一定程度上鼓励大学生自主创业，通过创新创业来实现自我价值。

3. 要推进高等教育改革需要创新创业教育

高等教育需要紧随时代发展需求进行改革，但在改革过程中也面临诸多问题，需要以下三个方面的改进：

（1）高等教育的办学理念需要不断更新。原本相对封闭培养人才模式已经不能适应市场发展的需要，培养的人才与市场未达到较好的对接。因此在确定办学理念时要紧随市场需求，通过规模化培育人才，解决大学生就业难、择业难的问题。

（2）高等教育的培养模式需要朝着专业化方向发展。当前许多高校在创办之初，所走的是综合性大学的办学之路，虽大虽全，但培养的效果与质量不尽如人意，导致与市场脱节。所以，培养模式要朝着专业化方向改革，以市场需求为导向培养人才。

（3）加强复合型、创新性人才培养，当下高校注重学生的知识方面的培养，理论知识深厚而实践能力较差，这一方面需要加强。

创新创业教育对高校有着十分重要的意义。创新创业教育以全新的办学理念来关照人才培养，与市场需求结合，鼓励大学生创新与创业。创新创业教育还改变了人才培养模式，通过校企联合、研发项目、开办创新工作室等方式实现创新创业的转化，具有十分重要的意义。所以创新创业教育能解决当下高校教育改革的普遍问题，加快人才培养，促进高校输出人才的速度与质量。

三、创新创业课程体系

创新创业课程体系，是依照创新创业精神形成的课程体系，是创新创业教育的平台。创新创业课程体系具有独特性，与其他课程体系不同的是当前没有独立的"创新创业专业"，其课程较多地散落在各专业中，体现为在既有的专业教育的基础上，进一步发展与创新的课程体系，创新创业课程包括显性课程、隐性课程两类。

创新创业课程的设置依据主要有：单独的创业学学科的课程以理论形式开展，往往又会过分强调理论而降低实践的重要性，没有生存与发展的空间；以经验为中心展开的创新创业课程体系，往往缺乏理论支撑，学生常常学到的是零碎的知识与经验，难以掌握具有逻辑性的知识，也就影响了能力的提升。所以创新创业课程衔接在具体的专业课程中，通过对专业课程进一步拓展实现学生创新创业能力的发展。

当前高校的创新创业教育课程体系尚不完善，开设的过程中存在创新创业实践能力差、专业度不高、创新创业重视不够等问题，当前各大高校的创新创业课程仍处在摸索阶段，应加大力度构建适合当代大学生的创新创业课程体系。

课程体系是实现创新创业教育的基本途径，是创新创业教育要解决的核心问题，但目前大多数高校的创新创业教育课程体系还不完善，存在诸多问题，如未能突出创新创业实践能力的培养，未能与专业课程紧密结合，未能把创新创业教育纳入人才培养目标和培养方案中，与教育教学、科学研究、生产实践严重脱节等。

针对创新创业课程建设，笔者结合现在高校的创新创业课程的开设及国内外的研究，结合互联网优势，对高校的创新创业课程提出了创建创新创业普及教育平台、创新创业专业教育平台、创新创业辅导平台及微创业培育平台四点构建策略，见表5-1。

表5-1 高校创新创业课程构建的四大平台

平台建设	形式	内容
创新创业普及教育平台	理论教育	开设《创业基础》《创造性思维与创新方法》《创业精神与实践》《创业经济法》等课程
	实践教育	制定个人的《职业生涯记录本》，养成职业规划的习惯与能力
创新创业专业教育平台	理论教育	依据各学科的学科特性选择专业理论，结合创新创意相关知识，以新的理论、技术、工艺吸引广大师生，激发其创新创业意识
	实践教育	结合理论指导实践，通过创业调研、参观企业等形式，实地感受岗位职责、企业运作，聆听创业者故事等
创新创业辅导平台	理论教育	分为创新型课程、创业型课程两大类，创新型课程有《批判性思维与研究方法》《学科前沿专题》等，创业型课程如《创业管理》等
	实践教育	包括创新创业大赛，各种专业领域的创新创业大赛、发明创造、专业申请、项目申请等
微创业培育平台	理论教育	理论课程有《创新战略思维》《创业营销与市场调查技术》《风险投资》《商务谈判与推销技巧》等
	实践教育	"创业训练营""创业大讲堂""1+1导帅指导"等内容，分享创业学生的创业案例、投资融资、项目指导、政策指导等

（一）创建创新创业普及教育平台

创新创业理念的贯彻首先需要学生充分了解什么是创新创业，创新创业的目的是什么，创新创业需要养成哪些能力等基础性了解，通过互联网构建普及教育平台，面向在校大学生开展创新创业普及。

1. 理论教育奠定创新创业基础

通过开设创新创业相关的通识性课程加深对创新创业的认知，开展"创业基础""创造性思维与创新方法""创业精神与实践""创业经济法"等课程，使学生了解创新创业的内涵，认识到创新创业精神的重要性，为能力的培养及行动做准备。

2.实践教育积淀创新创业精神

高校构建的普及教育平台还可以用于指导实践教学，在新生入学时，对新生进行统一的职业能力测试，并结合各自的性格与爱好，制定个人的《职业生涯记录本》，养成职业规划的习惯与能力，同时入学后学习的就业指导、职业生涯规划等，与职业生涯规划相关联，鼓励学生的创新精神与创业精神，为之后的就业打下基础。

（二）创建创新创业专业教育平台

创新创业专业教育平台与创新创业普及教育平台相比，更加专业，更具针对性。在专业教育平台上，有理论教育、实践教育，能促进学生的全面发展。

1.理论教育激发创新创业意识

平台所选取的理论教育通常注重培养学生全程的能力养成，依据各学科的学科特性选择专业理论，结合创新创意相关知识，以新的理论、技术、工艺吸引广大师生，激发其创新创业意识。

2.实践教育培养创新创业能力

实践教育以实践为主，结合理论指导实践，通过创业调研、参观企业等形式，实地感受岗位职责、企业运作，聆听创业者故事等，这些实践活动从浅层来说，促使理论与实践的融合，完成了理论知识的初步转化，增强学生的岗位适应性；从深层来说，促进学生独立思考，培养其坚持、坚韧的个性，促进创新创业能力的提升。

（三）创建创新创业辅导平台

主要针对有创业想法的学生开展的辅导平台，鼓励大学生深入创新创业，获得更多创新创业的能力。

1.理论教育强化创新创业精神

辅导平台的理论知识课程分为创新型课程、创业型课程两大类，针对的学生为对创新创业有浓厚兴趣的学生。该平台设立的课程打破了学院壁垒，开展跨学科的专业选修课程。

其中，开设的创新型课程有"批判性思维与研究方法""学科前沿专题"等，创业型课程有"创业管理"等，创业型课程注重引导学生了解创业过程、方法、技能技巧等。

2.实践教育提升创新创业能力

实践教育主要体现为高校开展的创新创业大赛，各种专业领域的创新创业大赛、发明创造、专业申请、项目申请等，实现理论指导实践。在参赛时，学生发挥优势，组建团队，协作完成，将知识与能力相融合解决实际问题，大大提升了大学生创新创业能力。

（四）微创业培育平台

微创业培育平台针对的是正在创业、已经创业的学生，致力于帮助大学生掌握更多的企业运营方式与营销策略，助力企业发展。

1.理论教育内化创新创业素养

平台内的理论课程有"创新战略思维""创业营销与市场调查技术""风险投资""商务谈判与推销技巧"，这些课程系统阐述企业在社会主义市场经济环境下的运作，学习与企业相关的发展战略、市场营销、企业投资、财务管理、风险控制等，理论知识的学习帮助学生更好地把握创业、守业的技能技巧。

2.实践教育检验创新创业能力

平台上的实践活动分为"创业训练营""创业大讲堂""1+1导师指导"等内容，分享创业学生的创业案例、投资融资、项目指导、政策指导等，推进创业企业的项目落地，指导企业良性发展。

第二节　高职创新创业实践课程构建

一、高职创新创业实践课程的三大内容

高职创新创业实践课程构建与普通高等院校的创新创业实践课程相似，包括创业精神、创业心理品质、创业知识与技能三大内容，如图5-4所示。

其中高职院校的创新创业课程更加注重创业知识与技能的培养。

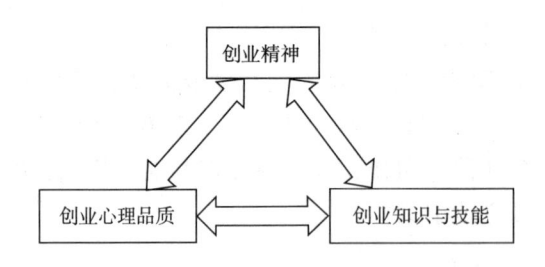

图 5-4　高职创新创业实践课程构建内容

（一）创业精神

创业精神是指在创业过程中对个体起着推动作用的个性意识倾向，激励创业者发挥主观能动性完成创业过程中的各种挑战，通常情况下创业的需求、兴趣、理想、动力、信念等心理成分都属于创业精神的一部分。创业精神是一种自强自立的奋斗精神，相信命运掌握在自己手中，通过奋斗与努力实现创业规划与愿望。创业精神同时还是一种艰苦奋斗的斗争精神，能积极迎接挑战，埋头进取，利用现代技术完成领域创新，开拓新的局面。创业精神的培养依靠隐性课程展现，通过三大途径来培养学生：

1.通过高职院校的创业环境的影响

高职院校要培养学生的创业精神可以营造创新创业的校园氛围，利用景观、校报栏、校园网等宣传与大学生创新创业相关的内容，特别是对创业成功的学生进行报道，在校园中营造良好的环境，激发学生的创业意识，培养其创业精神。

2.在教学过程中可以引入活动课程来培养学生的创业心理品质

采取的措施有：

（1）举办各种活动，营造全校创新创业氛围。

（2）在校园内举办创业计划大赛，鼓励学生参加，促进学生创业蓝图的形成。

（3）组织成立创业协会，开展创新创业活动。

（4）定期举办创业论坛、创业沙龙，了解创业前沿动向。

（5）学校牵头请企业的创业者到学校做讲座，使师生现场感受创业者的生动创业故事。

（6）开展户外拓展训练，增强团队协作能力，培养竞争意识。

以上这些在无形当中对学生的创新创意意识产生影响。

3.通过专业课程推动学生创业精神的养成

高职院校有着明确的人才培养目标，秉承"大国工匠"精神，学生需要掌握本专业的知识与技能，通过本专业的专业课学习，加强理论与实践的结合，为创业储备前期的专业知识与技能，为创业提供良好的支持。

（二）创业心理品质

创业心理品质包括强烈的自立需要和创业欲望，独立性和合作性兼备、敢为性与克制性并存、坚韧性与适应性相依的心理品质，以培养学生创业能力为目标的显性课程建设。

1.开设创业学科课程学习创业理论知识

创业学科课程包括与创新创业相关的企业管理、法律规定、心理学知识、创业者心理等。有的高职院校开设创业相关的课程如创业学、创业管理学、创业心理学、公司法、合同法等来指导创新创业实践活动。比如创业心理学的开设可以培养创业积极心态，胜不骄败不馁，为了个人抱负勇往直前。

2.通过创业实践课程提高创业实践能力

当前，我国高职院校通过校企合作、产教融合的模式开展实践活动，但实践课程相对较少，一方面是教学硬件欠缺；另一方面是师资不足，教学时间不足等造成高职创业时间课程进展缓慢。当下，实践课程多停留在模拟状态，即学生通过扮演创业者角色来进行市场前期调研、企业创业准备及相关步骤实施，由于师资力量不强、教学时间不足、教学条件欠缺等原因，当前我国创业实践课程不多。现阶段大部分高校主要通过经营者角色模拟等方式落实市场调查、创业前期准备、创业步骤实施等实践课程，提高学生的创业实践能力。

（三）创业知识与技能

对于高职院校的学生来说，创业知识与技能的学习尤为重要，从浅的层面说是日后安身立命的重要法宝，从深的层面说是为创新创业打下坚实的理论与实践基础。高职院校创新创业课程的开发由于受国家政策、区域经济发展、产业的产业结构的影响，所以其创新创业课程涉及的知识与技能需要紧跟以上发展现状，结合院校自身的优势打造创新创业课程，利用有利资源积极开发创业知识与技能。

二、高职创新创业实践课程的开发

高校关于创新创业教育的培养存在于公共课、专业课、选修课中，如图 5-5 所示。

公共课	→	包括"创业基础""创新创业指导""创新创业课""创新创业基础""大学生职业生涯规划与就业"
专业课	→	创新创业课程与专业课同时开展，在专业课教学中，以创业实际问题为案例，通过模拟创业情境，强化高职院校学生的创新创业能力
选修课	→	如"创新思维训练""仿生学与创新创业""创课十讲X创业101：你的客户是谁？""写好商业计划书"等

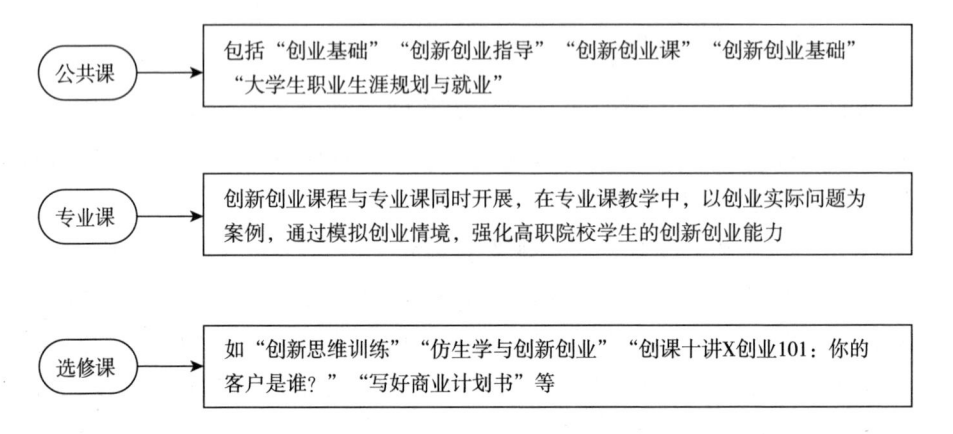

图 5-5 高职创新创业实践课程的开发

（一）公共课

高职院校的创新创业教育中的公共课的开设，可以结合高职院校的特点，根据学生的喜好选择案例、项目进行教学，其目的是使广大学生掌握创新创业精神，激发其创业兴趣。

（二）专业课

创新创业教育应当贯穿于专业课教学的始终，在知识的教授过程中，以行动为导向，以创业实际问题为案例，通过模拟创业情境，强化高职院校学生的创新创业能力。另外，高职院校的创新创业教育还可以贯穿于工学结合的课程体系中，通过专业课挖掘学生的兴趣点，促进专业教育课程与创新创业教育的融合。

（三）选修课

为创新创业教育设定选修课，其目的是拓展学生的知识面，增加知识面的广度。创新创业教育的选修课可以介绍国家出台的政策，国内外创新创业教育的发展动向、区域经济发展需要的技能要求等，形成具有地方特色的创新创业课程。

三、高职创新创业实践课程举例

（一）高校开展的创业模拟实训

创业模拟实训，是国际上通行的"以创业带动就业"的实岗培训体系，目前已经发展成为一种较成熟的培训模式，并在世界多个国家和地区开展。这个模式由有组织的、系统的业务活动组成一个真实的经营环境，学员以"员工"的角色"上班"，其工作场所是按照母版公司的经营资料和业务流程设立的模拟公司。

通过组建模拟公司，确定公司架构，分析经营环境，尝试经营业务以及完成各岗位和各商业环节的实际业务活动，学员体验到真实的商业环境和商业行为，有效提升参与市场竞争的综合能力和相关意识，包括执业能力、办公能力、社交能力、管理能力和风险意识、市场意识、团队意识等。课程分为创业引导与创业政策培训、创业实训模拟公司。其形式包括集中授课和实岗工作两种形式，其课程内容如图 5-6 所示。

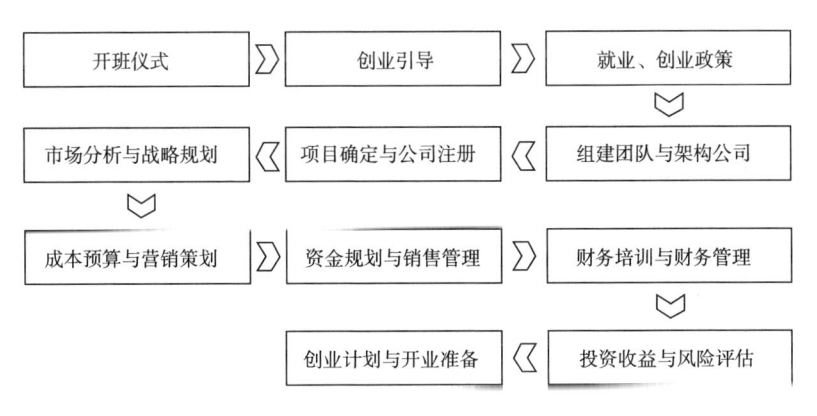

```
开班仪式 ⇒ 创业引导 ⇒ 就业、创业政策
                              ⇓
市场分析与战略规划 ⇐ 项目确定与公司注册 ⇐ 组建团队与架构公司
    ⇓
成本预算与营销策划 ⇒ 资金规划与销售管理 ⇒ 财务培训与财务管理
                                              ⇓
              创业计划与开业准备 ⇐ 投资收益与风险评估
```

图 5-6 创业模拟实训课程内容

（二）SYB 培训课程

"SYB"的全称是"start your business"，译为"创办你的企业"，其课程获得国际劳工组织及中国人力资源与社会保障局的资格认证，开设的目的是创业促进就业。其课程主要实行小班教学，为"U"型座次，一般为 25 人/期。在课程进行过程中完全模拟创业的实际步骤，互动性也较强，有利于真实创业感受的生成。

SYB培训课程的特色主要表现为系统创业培训、多媒体互动教学、案例分析、模拟演练等,其培训课程分为创业意识培训、创业计划培训。其培训内容的开展步骤如图5-7所示。

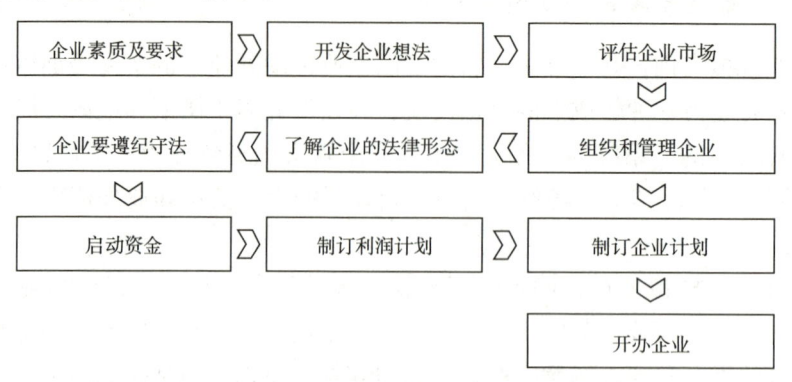

图5-7　SYB培训课程开展步骤

SYB培训课程的意义在于,促使大学生明了创业的流程及贷款的政策,鼓励大学生在校期间或毕业创业,通过创业来增加就业。

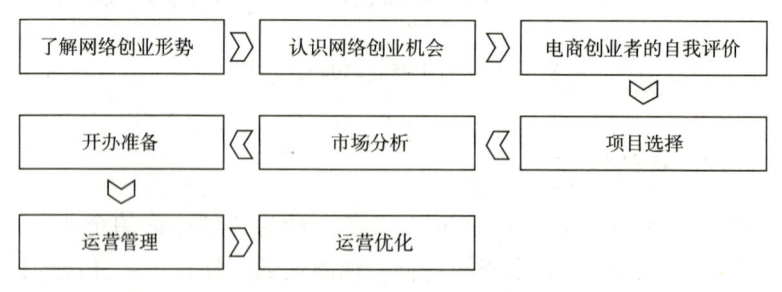

(三)网络创业培训课程

网络创业培训课程,即通过培训引导、模拟以及实训,提高网络操作技术,挖掘创业项目,实现创业实践。网络创业培训课程是国内创业培训和创业服务的新模式,其目标是创新创业,带动就业。

网络创业培训课程具有课程立体化、教学个性化、实操模拟化、创业成果化、扶持体系化、管理信息化的特点。

网络创业培训课程的内容,如图5-8所示。

图5-8　网络创业培训课程的内容

网络创业培训课程的结业,需要完成模拟平台成果的展示、完成第三方平台成果展示、制订行动计划、结业考核等。

第三节　高职创新创业线上线下课程构建

从课程的上课方式来看，高职创新创业课程分为线上课程、线下课程，线下课程主要是指课堂教学，线下课程需要教师亲自教授的课程形式。随着互联网技术的不断发展，教育与信息技术的融合，改变了上课的方式，由此产生了线上课程教学模式。这时教师不用面对面给学生讲课，这种课程方式突破了时间、空间的限制，具有较大的灵活性。当然两种课程模式都有弊端，线下课程不具备灵活性，受时间、空间的影响；线上课程减少了与教师面对面的交流，同时团队协作能力的养成受限；而随着互联网信息技术的提升，创新创业和"互联网+"成为趋势，线上与线下结合的混合式教学模式成为主流，该模式充分利用线上课程与线下课程的优势，成为一种新的混合式课程探索模式。

一、高职院校创新创业类课程教学现状

近年来，国家大力倡导创新创业教育改革，发布了相关政策支持其贯彻实施，还进一步健全创新创业教育课程，改革教学方法，促进创新创业课程实现理论与实践的结合，高校紧跟时代步伐，也做了一系列改革推进创新创业教育。这些改革促进了创新创业工作的推进，并使高校在创新创业能力上有了质的飞跃。

（一）高职创新创业课程的变化

高职创新创业课程的变化，体现为以下六个方面的变化。
（1）创新创业类课程的类型增多，分为公共课、选修课、专业课。
（2）创新创业类课程的性质发生变化，由选修课转为必修课。
（3）创新创业类课程的受教范围扩大。
（4）创新创业类课程教学的方式不断变化，线上教学与线下教学同步进行。
（5）创新创业类课程引入创业实践项目，增强学生的实践能力。
（6）创新创业类课程的师资队伍扩大，创新力量得到强化。

（二）高职创新创业改革案例

高职创新创业的改革促进学生创新创业能力的发展，这里举例南京工程学院开展创新创业课程的案例❶。

为提高学生的就业率，南京工程学院坚持"提高毕业生就业质量、实现高质量就业创业"的目标导向，在理念上坚持创新创业，在发展模式上坚持工学结合，在体系上坚持系统化原则，经过不断努力，学生的就业能力、创新能力、创业能力有了显著提高。

（1）在校企合作上，学校会定期组织学院的教师到企业走访，了解新兴领域的动向，并加强校企合作、校地共建，实现产、学、研的结合，这样学校可以新增一些高质量的实习、就业单位，为之后学生就业作铺垫。

（2）在就业指导上，开发了校本课程"大学生职业生涯规划与发展"，广大师生融入校本课程的开发与学习中。利用互联网开设了就业指导线上课程、网络职业测评等，帮助学生规划就业。利用"互联网+"就业，开发出校园智慧就业平台，促进学生创新创业。加快教学模式、教学方法的改革，前期统一规划，后期分阶段、分层次指导学生就业、创业。

（3）在创新创业教育上，该校积极响应创新创业教育，做出了以下几个方面的努力：

提出"三创"人才目标，"三创"即创新、创业、创优，通过发展专业教育夯实学生基础，通过创新教育培养学生的创新精神，通过素质教育锻造学生人格，通过就业教育实现学生的创新与创业。尤其在创业教育上，学校鼓励学生创业，沿着独特的创业逻辑，培养学生的创业信心，激发学生的自信心，最终成功创业，如图5-9所示。

想创业（激发动机） ⇒ 能创业（增强信心） ⇒ 创成业（提供方法）

图5-9 学生创业逻辑示意

创新创业课程体系建设上，学校开设校本课程"大学生创新创业教育"课程，并设为必修课，必修课的时间跨度四学年，贯穿于整个学习阶段，并分阶段制定教学内容，形成完备的课程体系，如图5-10所示。

---

❶ 南京职业技术学院学生工作处、校团委：《【喜迎党代会】回眸发展路：学生工作篇——坚持立德树人，引领学生全面发展》，（2018-12-18）[2021-09-18]。

课程开展的形式也多种多样，包括理论学习、技能学习、岗位实习、项目拓展、培训讲座等，利用线上教学+线下教学的模式，实现课内与课外教师的协同培养。

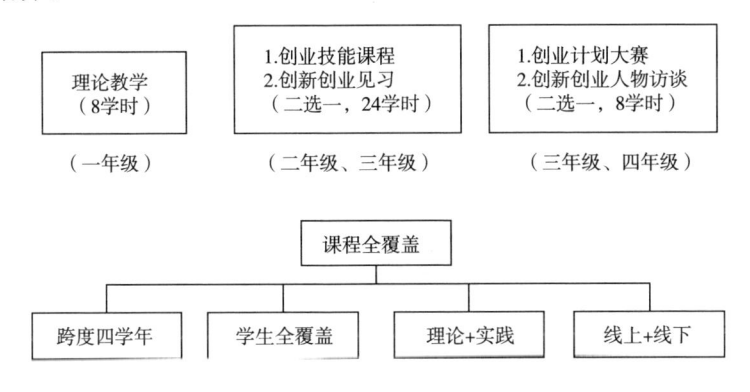

```
理论教学              1.创业技能课程            1.创业计划大赛
（8学时）            2.创新创业见习           2.创新创业人物访谈
                    （二选一，24学时）        （二选一，8学时）

（一年级）            （二年级、三年级）        （三年级、四年级）


                          课程全覆盖
           ┌──────────┬──────────┬──────────┐
        跨度四学年   学生全覆盖   理论+实践    线上+线下
```

图 5-10 "大学生创新创业教育"课程安排

创新创业教育师资培养上，学校还聘请优秀的青年企业家为客座教授，走进课堂开展课程理论的教学。

创新创业教育基地的构建上，学校积极改善基地的软件、硬件环境，构建了大学生创业园，对园内的各种设施不断升级改造，形成创业苗圃区、氟化物、示范区、成果展示区、服务中心区等，为大学生创新创业服务。

学校致力于营造浓厚的创新创业文化氛围，通过"大学生创业园""天印梦工场"等开展了众多与创新创业相关的活动，形成了"共享共创"的创业氛围。

当前高校创新创业教育改革取得了一定的成就，但也存在问题，如我国在创新创业环节仍然存在着专业融合度不高，课程不成系统、课程教学方式落后、软件硬件基础差、师资力量小、教学方式单一等问题，尤其课程方面，直接关系到学生所学的价值，依托互联网技术，探索线上、线下混合式教学，可以挖掘课程的内容优势、实践优势，促进学生能力的提升。

二、创新创业教育线上线下混合式教学模式构建

构建线上线下混合式教学模式，需要以明确的学习目标为主线贯穿教学的始终，同时以知识与技能的获得、能力与素质的培养为暗线进行，教学流程包括三个阶段：布置学习任务→课前自主学习→课上知识内化。

高职创新创业课程线上线下混合式教学中，学生与教师分工明确，三个阶段需要完成的任务不同。以下是线上线下混合式教学的整体流程，如图5-11所示。

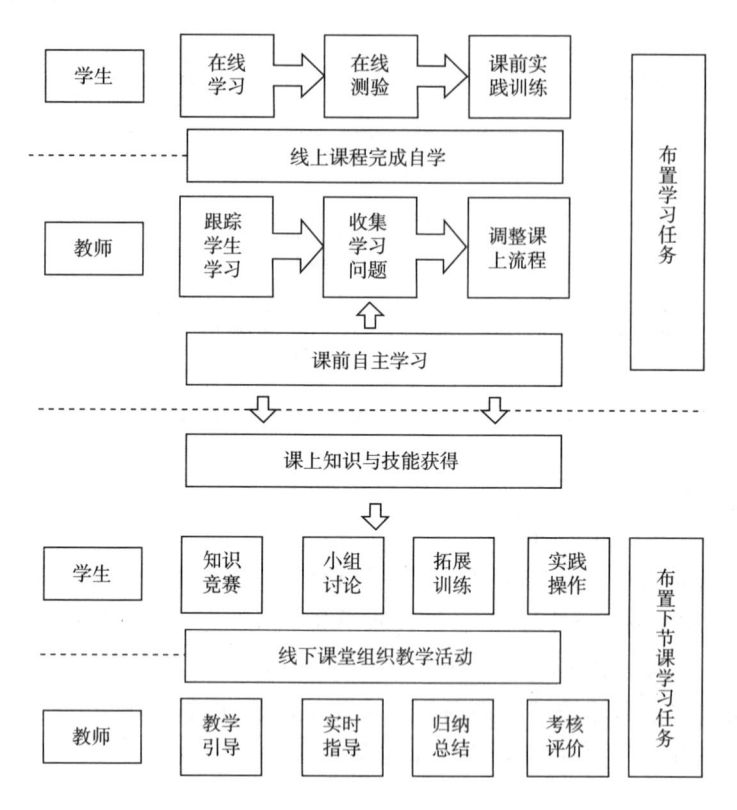

图5-11 线上线下混合式教学流程

（一）准备上课

在课前自主学习阶段，教师针对学习内容布置学习任务，制定学习目标。学生利用在线课程学习知识，当前可利用的线上平台主要有智慧职教平台、Abook平台或者扫描书中的二维码进行学习。学生学完线上课程后，当堂测试学习效果，便于及时了解知识掌握情况，为上课做准备。教师在这一过程中要跟踪学生的学习情况，及时解决学生遇到的问题，将所有问题收集起来，针对问题调整课上的教学活动。

准备上课前，教师引导作用很重要，要尽量保证课前的学习效果，可以从以下几个方面入手：

（1）线上测试成绩纳入考评体系。

（2）跟进学生的学习情况。

（3）及时解答学生疑问。

（4）及时表扬，适度批评。

（5）划分小组，实行组内监督。

（二）课上教学活动

利用课前测试数据可以清晰地了解学生掌握知识的情况，课上教学活动则主要围绕学生问题、学习目标展开。如果单一地讲学生出现的问题，显然会枯燥无味，可以采取多样化的教学方法，营造活泼向上的课程氛围。

1.通过知识竞赛的形式，激发学生参与热情

围绕本节课程的知识点展开，重在考察基础知识，可以采取由易到难的顺序，增强学生挑战的信心。如果一上来就碰到难的知识点，学生掌握不好很容易产生挫败感。知识竞赛的方式强化了基础知识，同时检验了课前学习情况。

2.通过知识点精讲的方式，构建知识框架，形成理性认识

普通知识点可以通过提问的形式进行归纳总结，对于课上的难点、重点知识点，教师可以亲自强调，完成对知识的系统化概括。

3.通过小组讨论的形式，集思广益，解决有难度的问题

小组一般由 3—4 名组员组成，针对有难度的问题进行讨论，这些问题最好紧扣生活，实现知识性与趣味性的融合。小组讨论的优势在于可以集思广益、解决实际问题，具有拓展性。

4.通过实践操作，增强动手能力

对于一些实践性强的知识点，可以随堂布置实践任务，可以在实训室内开展，教师需要明确教学任务、注意事项等，学生可以将学到的知识应用到实践环节，增强其动手能力，还可以随手扫描二维码，快速填写实验结果，以验证学生的实践效果。

（三）课后指导

对于教师来说，结束课堂教学后，还要总结整个教学过程是否符合教学规律，是否完成教学目标。知识要实现转化必须放在实践当中，所以要鼓励学生研究项目，并指导项目的实施。对于学生来说，学生应当利用现代互联网技

术拓展线上学习能力，变被动学习为主动学习，即发现问题时，主动寻求解决路径，这样可以有效促进实践能力的培养。

总的来说，线上线下混合式教学模式给教学模式带来了全新的体验，线上课程与线下课程的结合同样给教师和学生带来了挑战，需要花费更多的精力投入其中，同时混合式课程教学模式也需要学生和教师掌握更多的知识，包括专业知识、技能知识、互联网知识等。学生在学习中处于主导地位，因此混合式课程教学模式要求学生主动发现问题，增强团队协作，共同完成教学计划。对于教师来说，教师是学生的引导者，直接决定着学生学习的方向，因此教师需要利用互联网技术，掌握学生的学习情况，善于发现问题，解决问题，引导学生完成由易到难的知识学习，促进感性知识到理性知识的转化。当前，线上线下的混合课程教学模式尚处于初级阶段，需要加强建设。因为创新创业教育需要进一步改革以适应时代发展，所以决定了课程改革也是一项长期的任务，只有改革才能创新，只有创新才能深化发展，实现中华民族的伟大复兴。

第四节　创新创业教育课程体系运作的途径

一、提高高职院校对创新创业教育的重视

高职院校与普通高等院校相比，更重视学生的动手能力与实践能力，因此技能及技术上创新有绝对的优势，所以高职院校应当足够重视创新创业教育的作用。高校作为培养学生成才的输出地，要将创新创业抓起来，鼓励大学生自主创业，尤其在知识与能力积累阶段，保障大学生学到与时代同频的知识和技能。

（一）将创新创业教育融入专业教育中，使学生敢于创业

以创新创业引领专业建设，通过市场需求，构建专业课程，这些课程包括对接岗位课程、对接专业课程、对接产业课程、对接社会课程，最终形成岗位、专业、产业、社会的课程体系，使课程因需要而生、为需要服务，从而为社会做出贡献。

（二）开展训、研、创一体化的实践教学，拓展实践课程，使学生愿意创业

要培养出较高的综合素质的大学生，需加强实践锻炼，深入项目创建当中实践。学生在项目实践中可以接触到一些新的事物，不断实践也就不断加深对知识的理解，内化为创新创业能力。当下的大学生多是"90后""00后"，针对他们的学习方式、学习习惯，高职院校需要树立产业决定专业，企业决定平台，平台决定新技术应用型创业人才的模式，形成了产、学、研、创相结合，服务地方产业发展的办学新模式。通过打造实训、科研、创新创业的教学实践体系，拓展实践课程，通过实践综合项目、完成应用型客体、参加高水平技能竞赛等形式，让学生投身创新创业中，完善跨界创新。

（三）贯彻创新创业理念，增强教师的实践经验，让学生能够创业

长久以来，高校的创新创业课作为选修课、公共课存在，并没有很好地贯穿在四个学年中，多数高职院校在第四学年的第二个学期才开设，此时的毕业生有的面临实习的问题，没有足够的时间完成课堂学习。另外，负责讲课的教师多是行政部门、教学部门的教师，这些教师的创新创业实践经验较少，很少有企业就业的经历。要改变这一观念，高校需要从大学生刚迈入校门的时候就开始宣传创新创业教育，培养学生的各种能力，经过四年的努力，学生的创新创业能力会得到质的提升。另外，高职院校可以聘请一些企业家作为客座教授，或者鼓励老师参观新兴企业，获得实践经验，更好地指导学生的创新创业发展。

二、加强高职院校创新创业师资队伍的打造

当前，创新创业师资队伍力量的薄弱直接导致了高职院校创新创业教育的不足，影响了创新创业教育的发展。北京航空航天大学承担起培养创业教育骨干教师培训的重任，为全国范围内的高校培养优秀的创业教师。

高校还应当加强校企合作，构建新型的校企合作课程运作模式。高职院校可以与当地有名的企业取得联系，设置相关的专业，建立起长期合作的关系。教师在校企合作过程中，开展多样化的教学活动，促进理论知识指导实践活动，实现理论与实践的结合。学生在实践的过程中，完成了教学目标，同时提升了自我学习的能力。对于企业来说，学生掌握了更多实践经验，可以为之后工作的适应及工作效率的提升打下基础，因此是一个双赢的过程。

高校还应当组织学生与创业者进行交流，从创业者身上学到更多与创业相关的知识与技能，同时创业者还能对学生的创新创业产生潜移默化的影响。校企合作课程促进学生了解到更多的企业运作的各种因素，让学生感受到创业者的创业精神与企业家素质。

课程还进一步彰显了知识的价值，知识在创办企业、运作企业的过程中扮演着重要的角色，可以鼓励学生重视知识与实践结合。大学生创新创业教育课程体系为大学生的能力养成服务，提升学生的兴趣，促进深广领域的延伸。好的创新创业教育课程体系能关照知识与技能的应用，为社会培养知识与技能兼备的复合型人才。

当下社会，创新创业人才为社会发展提供了不竭动力，因此构建高职创新创业教育课程体系很有必要。在创新创业教育课程体系运作过程中，高职教师发挥着重要的作用，一方面，高职教师自身的专业素养的高低直接决定着学生能力的高低；另一方面，高职教师通过讲解高职创新创业教育课程，可以构建完善学生能力，通过积极引导、适时解惑、及时答疑等方式，促进学生创新创业能力的养成。

综上所述，要实现创新创业课程体系的实施，高职院校不仅要重视创新创业教育，还要加强高职院校创新创业师资队伍的打造，而这一过程是一个长时间实践的过程，高职院校需要在构建创新创业课程体系的时候，结合自身发展的特点，不断创新理念，为社会发展培养创新创业的复合型人才。

三、课程+平台+师资——创新创业模式

上海交通大学简称"上海交大"，属于"全国重点大学""世界一流大学建设高校""211""985""珠峰计划"，是历史发展悠久的学府之一。上海交大于2002年被教育部指定为第一批创业教育的试点学校，并在2016年入选为我国第一批深化创新创业教育改革示范高校之一。在2010年，成立了上海交通大学创业学院，成立的宗旨是培养学生的创新精神及向学生输出创业理念。上海交通大学开展的创新创业教育体系遵循了"三个导向"原则，即志趣导向、能力导向、研究导向，如图5-12所示。

在运作过程中，上海交大在实践的过程中，形成了课程+平台+师资——创新创业模式，课程的运作包含在整个创新创业模式中。

志趣导向	能力导向	研究导向
·创新培养机制 从顶层设计、课程质量、教师队伍建设入手，构建创新创业教育体系	·搭建实践平台 ·打造创新能力训练平台和创新孵化平台，依托各类实践中心为学生创新实践提供支持	·服务长远战略 ·包括组建常态化创业研究队伍、开展双穿领域理论研究、共建研究和实践基地

图 5-12 上海交大"三个导向"原则及内容

（1）组建完善的创新创业课程体系。上海交大对创新创业课程的定位为通识教育，在课程实施中，会结合专业特点及学科方向，促进专业教育与创新创业教育的融合。另外，上海交大利用互联网技术开设了创新创业网络课程，在平台上推出一批在线开放课程（慕课、视频公开课），供在校学生学习。另外，在线课程逐渐纳入终身教育的范畴，通过建立在线开放课程学习认证、学分认证等，实现了在线课程的含金量，鼓励更多的学生通过在线学习，提升创新创业能力。

上海交大还对在校学生建立起全方位的创新实践教学体系，课程设计环节参照企业需求制定，毕业设计通过产学联合实现，学生实习为带薪模式，实现了面与点的结合。面上教育，即通过创新创业理念及精神的宣传，开设创新创业课程的实践，最终形成创新精神、创新创业能力，为之后的创新创业贡献力量。点上教育，即通过设置特色创业课程、创业训练营、创业苗圃，鼓励大学生积极创业，使学生为未来企业家奋斗。

（2）构建创新创业平台，上海交大加大对创新创业相关项目的投入，如建立起学生科技创新工作室、ZIRC、卫星实验室、上海交通大学学生创新中心等，为在校学生提供孵化各种能力的温床。同时，学校还鼓励学生参观创业企业，到创业企业中实习，接触创业企业环境。学校还建设有创新创业教育平台，培养学生的创新创业能力。

（3）上海交大注重创新创业教师的培养，增强师资力量，目前形成了"四师制"（课程教师、讲座嘉宾、创业导师、创投导师）师资队伍，组建了集学术与事物、创新与创业为一体的教师团队，形成了规模化的创新创业师资队伍。

除此之外，上海交大还开展"创新创业大讲堂""上交创业汇"等大型创业类公益活动，邀请著名创业者和风险投资人士进行主题演讲；定期举办各类创业论坛，开展创业服务机构与融资服务机构的对接活动等。

第六章　产教融合视角下职业教育应用型课程构建

第一节　产教融合与应用型课程关系辨析

一、产教融合

产教融合是"产业发展与教育融合"的简称，该术语是在中国共产党第十八次全国代表大会上对教育发展提出的要求，通过产教融合，实现发展现代职业教育的目标。

产教融合的定义为："职业学校根据所设专业，积极开办专业产业，把产业与教学密切结合，相互支持，相互促进，把学校办成集人才培养，科学研究，科技服务为一体的产业性经营实体，形成学校与企业浑然一体的小学模式。"关于产教融合人才培养模式，如图 6-1 所示。

可以说，产教融合奠定了未来职业教育发展的方向，是我国职业教育领域中的重大决策。

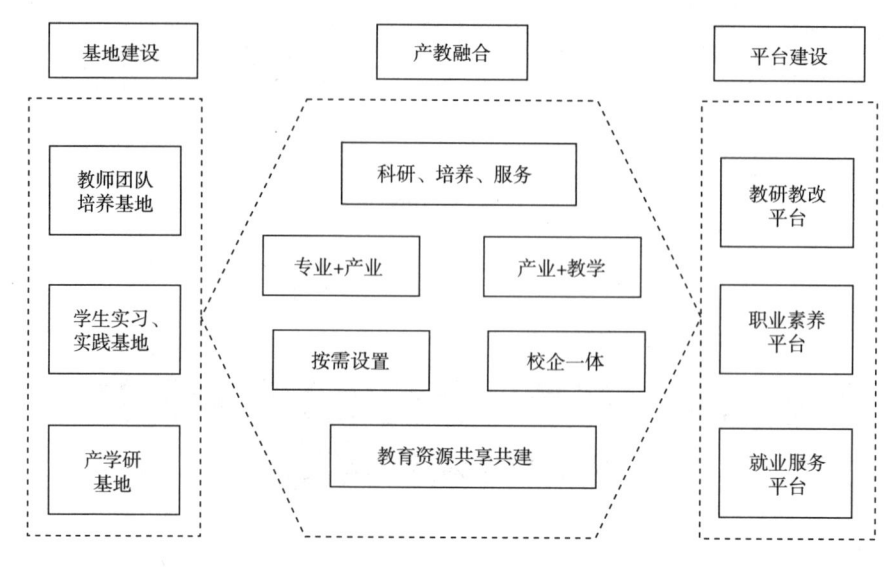

```
┌──────────┐      ┌──────────┐      ┌──────────┐
│ 基地建设 │      │ 产教融合 │      │ 平台建设 │
└──────────┘      └──────────┘      └──────────┘
┌──────────────┐  ┌──────────────┐  ┌──────────────┐
│ 教师团队     │  │ 科研、培养、服务 │  │ 教研教改     │
│ 培养基地     │  │              │  │ 平台         │
├──────────────┤  │ 专业+产业  产业+教学 │  ├──────────────┤
│ 学生实习、   │  │              │  │ 职业素养     │
│ 实践基地     │  │ 按需设置  校企一体 │  │ 平台         │
├──────────────┤  │              │  ├──────────────┤
│ 产学研       │  │ 教育资源共享共建 │  │ 就业服务     │
│ 基地         │  │              │  │ 平台         │
└──────────────┘  └──────────────┘  └──────────────┘
```

图6-1 产教融合人才培养模式

产教融合有以下几点优势：

1.有效激发学生的创新意识、创造能力，实现了工读结合、勤工俭学

高职院校兴办专业产业，与教学紧密联系，一方面可以接触到系统的知识；另一方面，学生有了实习场所，促进知识的转化，提升学生的实践能力。在实践过程中，学生在教师的带领下，将学到的知识运用到实践中，解决遇到的问题，同时经过知识的整合，还可能创新性地解决难题。不仅如此，产教融合还能激发学生的创新的热情，边学习边实践，通过学习指导实践，通过实践强化学习，提升他们的学习和实践能力，为复合型人才的培养奠定坚实基础。另外，高职院校兴办专业产业，还能通过生产取得一定的收益，客观上锻炼了学生自力更生的能力，为学生勤工俭学、半工半读提供了可能。

2.产教融合促进教师业务水平的提升

当下的高职院校的教师的学历普遍在本科以上，专业老师的学历在研究生之上，他们的专业知识扎实，专业水平强，但它们都普遍存在着应用能力不强的现状，这也在一定程度上影响了高职院校培养人才的水平，而产教融合的时间，为广大师生尤其是专业教师的能力转化提供了帮助，教师在产业发展过程中，将理论与实践结合，融科研、教学、实践为一体，促进教师综合能力的提升。教师专业能力提升，学生是最直接的受益者，教师可以指导学生完成理论、实践环节，加深对知识的掌握。

3. 有利于促进高职教育的健康发展

高职教育的目的是就业，其培养人才的目标是培养岗位需要的复合型人才，这一类人才的理论与实践能力较强，还具备较强的岗位适应力。这类人才不仅懂技术、会操作，还具备一定的管理能力。所以，高职教育的专业设置必须考虑岗位的需求，加大对岗位需求的各种能力的培养。产教结合的培养思路是培养符合岗位需求的复合型人才。同时，学校也应针对企业所需的产品与技术进行开发，以实现学校培养人才、研发产品和技术服务三大功能。为使企业需求与学校教学无缝衔接，与技术发展方向一致，就必须依靠和吸收企业技术骨干、学者专家参与培养目标的研讨、教学计划的制订。

二、应用型课程的特点

"学"与"术"的分野反映到课程体系上，则表现为学术型课程和应用型课程。

学术型教育主要是培养从事科学理论研究的研究型人才，他们的主要任务是认识、发现自然和社会的各种客观规律，因而学术型的人才需要系统地学习某一门或几门学科知识，具备扎实的理论基础，其课程模式主要采取的是学科中心课程体系。学科中心课程是以学科分类为主要依据来确定课程门类和组织课程内容，课程内容以理论知识为主体，强调构建系统的理论知识结构。它是以学科知识为导向，侧重于对学生进行学科的基本理论、基本知识和基本技能的训练，强调培养学生的科学思维和创造性思维。

学术型课程具有鲜明的层次性，其课程模式呈现为金字塔结构，塔基是公共基础课，中间是学科基础课，塔尖是专业课，而且各门课程之间也有严格的先后顺序，如图 6-2 所示。

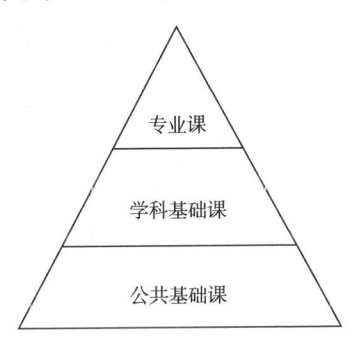

图 6-2 学术型课程的金字塔结构

然而，应用型院校培养的是生产、建设、管理、服务第一线的高级应用型专门人才，具有鲜明应用性的特点。因此，应用型课程模式不是以学科体系来构建的，而是面向"应用"，构筑学科知识和应用能力两个并列、并重的子系统有机组合的课程模式，其中包括：①是以实际的技术活动项目为线索；②将学科知识和素质培养融合于能力之中，以能力培养为核心，以学科知识为支撑来设置课程；③注重学生应用能力的培养和训练，注重实践课程的设置；④突出学生的实训、实习，把应用性的环节渗透到教学的全过程。

一般来说，应用型课程具有以下三个特点。

（一）服务区域经济

应用型课程指向区域经济发展，表现为应用型课程为区域社会及经济发展服务，应用型课程主要服务于区域经济的发展，高校所培养的人才、开展的科学研究等都是为社会发展服务。应用型课程的服务范围包含区域内的行业，根据区域内的经济及产业机构特征进行课程的筹备，在筹备的过程中，围绕以下五个方面展开：

（1）坚持可持续发展战略，着眼经济发展需要，为地方培育复合型人才。

（2）加强区域间联系，拓展人才培养渠道。

（3）创新人才培养机制，全面构建为区域经济发展的课程体系。

（4）人才培养应关注区域经济建设的重点，体现新兴产业的人才标准。

（5）高校应进一步加强技术攻关，使科研成果为区域经济做贡献。

（二）崇尚实用

崇尚实用是应用型课程的一个显著特点。本科院校课程建设要有清晰的定位，一方面明确了高等院校发展的方向；另一方面有利于形成区域课程特色，培养专业性人才。应用型课程的外延包含工程应用型、技术应用型、服务应用型三类。之前的高等专科学校，主要从事的就是专业应用教育及专业应用研究，与综合性的大学在应用方面具有同等的价值，二者的区别在于培养目标、定位不同。

课程建设进行科学定位是优化高等教育结构的必然要求，是高等院校实施有效治校的起始条件。应用型课程与学术型课程显然不同。

学术型课程关注的是陈述性的知识，而应用型课程关注的是过程性的知识。两者的区别如图6-3所示。

```
学术型课程 → 陈述性知识 → 是什么
                       → 怎样来的
                       → 为什么

应用型课程 → 过程性知识 → 怎样做
```

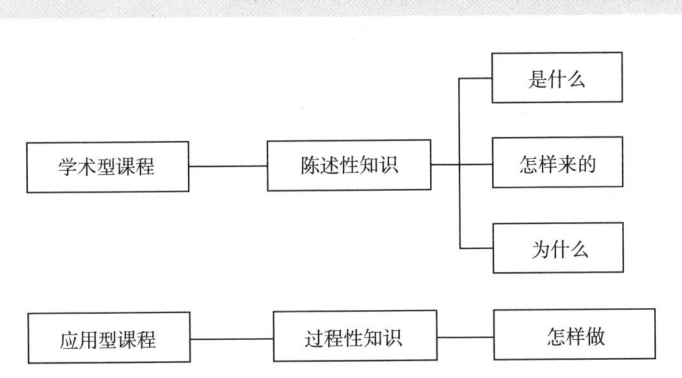

图6-3 学术型课程与应用型课程的区别

陈述性知识主要阐述的是概念与事实，常常用于表示概念、原理、定理等，强调"是什么""怎样来的""为什么"的知识。应用型课程立足于行动体系，更多地关注于过程性知识，主要涉及的是"怎样做"的知识，是指"经验知识"和"策略知识"。因此，应用型课程的基本特征之一是实践性。

实践性表现为学生在实习过程中所表现出的能力，主要表现为动手能力、操作能力、应急能力等，应用型课程培养学生的首要目标是会做，在会做的基础上做好。故在课程开发时，实践教学占有重要的地位，课程的实践部分涉及实验、实习、实训、见习、设计等。应用型教育面向的是生产一线的实践活动，需要将理论与技术结合起来，重视理论课程的同时注重实践教学，创设各种有效的课程体系。应用型课程设置要改变传统的课程设置中理论课程与实践课程脱节的局面，运用"项目教学"或"以工作过程为导向"的教学方法，切实将理论课程与实践课程有机地融合起来。

（三）面向所有学习者

高等教育大众化是新时期高等教育发展的一个重要概念，是量与质的统一。高等教育大众化在量的增长上表现为高等院校的入学率有了较大的提升，能达到15%～50%；高等教育大众化的质的飞跃表现为教育理念的更新、教育功能的扩展以及培养目标的多样化发展。西方发达国家的高等教育大众化开始于第二次世界大战之后，最先进入高等教育大众化的国家是美国。我国迎来了高等教育大众化是在高等院校扩招之后，发展的规模位居世界第一。

应用型院校是高等教育的主要组成部分，一般来说，教学型大学、地方院校都属于应用型大学，因此大众化的教育通常来说就是应用型教育。高等教育大众化势不可当，在发展中要处理好学术型教育与大众化教育二者的关系——学术型教育仍然以精英教育为主；大众化教育以应用型教育为主。从发达国家高等教育大众化发展的经验来看,随着大众化高等教育的到来,大众化教育所占的比例会越来越高。我国的学术型大学不扩招、减招的信息也说明了我国高等教育发展大众化教育的趋势,同时高等教育也形成了新的格局——学术型教育为精英教育服务,应用型教育为大众教育服务。

三、应用型课程与产教融合的结合

2016年,国家发改委、教育部、人力资源和社会保障部联合发布《关于编制"十三五"产教融合发展工程规划项目建设方案的通知》(发改社会〔2016〕547号),启动实施职业教育产教融合发展工程规划项目,"十三五"期间拟投入50亿元,支持100所高职院校深化产教融合、校企合作,加快建设现代职业教育体系,全面增强职业教育服务经济社会发展能力。其包括中等职业学校(含技工学校)、高等职业院校和应用型高校建设3项内容,支持一批中等职业学校、高等职业院校和普通本科应用型试点高校加强实习实训实验设施建设,扶持打造一批位居全国前列、有重要影响力和竞争力的职业院校和应用型高校。

"十三五"应用型产教融合发展工程,即国家"十三五"应用型产教融合发展工程,是国家"十三五"产教融合发展工程规划项目的本科项目,是国家级高水平应用型大学建设工程,该工程由中央和地方共同投入和组织实施,在全国范围共遴选出100所高校。高等职业教育应用型课程与产教融合的结合具体有以下途径。

(一)深化产教融合

应用型课程建设应当拓展产教融合的深度与广度,在分析当前职业教育的现状、外部的市场需求、创新创业现状的基础上,构建应用型课程,培养复合型人才。应用型课程的构建应当涉及当今时代专业领域的新技术、新方法、新理念,将这些纳入应用型课程建设中,为应用型课程赋予当代性。

(二)加快教学主体建设

高职院校紧跟时代主题和潮流的背后,是高职院校及时调整应用型课程的建设理念,积极采纳最新的理念,建立起现代化的应用型课程模式。现代化的应用型课程模式需要一支理论建构完善、经验丰富、创新进取、具备工匠精神的教学主体,需要他们组成职业教育团队,培养创新意识、责任意识、奉献意识、合作意识，扩展应用型课程的实用性与实地性，为产教融合提供更多的方式和方法。

（三）提高应用型课程教学场所的灵活性

应用型课程的教学场所不仅包括课堂、实训车间，还应当拓展其范围，创造更多的、更丰富的教学场所。课堂上，不仅要学习知识理论，还要学习时间相关的操作理论。在实训车间，不仅要培养学生的动手能力，还要培养学生随机应变及解决问题的能力，促进学生理论到实践的转化。要积极探索"校中厂""厂中校"的新型模式。

第二节 职业教育应用型课程的目标及内容

一、职业教育应用型课程的目标

（一）普遍性目标

普遍性目标是基于哲学观、伦理观、意识形态或是经验，或是政治需要的一般教育原则，将这一教育原则直接运用于课程或者教学领域，就成为课程或教学领域规范的、具有指导意义的方针。具体来说，普遍性目标主要通过抽象的、普遍的形式来阐述教学目标，是所有课程的综合目标。通常具有两大特点：

（1）普遍性目标具有普遍性，适用于所有的课程与教学领域。

（2）普遍性目标具有模糊性，即通常上升到哲学层面，具有抽象性与模糊性。

有的学者将普遍性目标称为课程目标或者教育目标，一般会写入国家教育法中，或者以其他重要文件形式传达，具有一定的政治色彩。课程总目标反映的是将学生培养成何种社会角色以及具有什么样的素质问题，是教学活动的出发点。课程总目标的设定依据社会发展状况制定，反映社会生产的需要、人们自身的需要。

普遍性目标强调普遍性、整体性、方向性，是将适用于一切教育实践中的宗旨、原则放在课程中，成为课程目标。课程目标强调对课程全局的把控，所反映的是长期实践中形成的价值取向。任何课程的开展都要先树立课程目标，只有有了清晰的课程目标才能开展教学活动。同时，普遍性目标渗透在课程设置、教学活动的各个环节，如课程机构的设置要从普遍性目标出发制定课程总体结构；在课程实施的具体活动中，要以普遍性目标为参照，时刻与普遍性目标保持一致。普遍性目标还影响着课程评价，在评价课程时，课程是否有价值，课程结构是否合理，课程内容是否科学等都以普遍性目标作为依据。因此普遍性目标对课程的性质及发展方向起着决定性的作用。

（二）行为目标

行为目标是以显性化、精确性、具体的、可操作的行为的形式加以陈述的课程目标。泰勒是研究课程目标持有行为目标取向的代表之一，他认为课程目标必须指明课程结束后学生身上所发生的变化。他将课程目标中的学习内容和学生的行为明显地对应起来，使目标的陈述真正做到既说明了目标的内容方面，又说明了目标的行为方面。关于行为目标应该包含的要素，不同的学者持有不同的观点：

泰勒认为，有效的行为目标必须指明学生身上应该产生的"行为改变"要素，和该行为所应用的"生活领域或内容"要素；

马杰认为，有效目标的表述仅仅包含行为与内容是不够的，应该包含"行为""情景"和"标准"三个要素；

基布勒等人认为，目标的表述应该包含五个要素：

（1）行为的主体，学生或学习者。

（2）实际的行为，如写出、列出。

（3）行为的结果或内容，如一篇文章、小说。

（4）行为的条件，如一小时的平时测验或在全班面前。

（5）成功与否的标准，如答对了85%。

主张行为目标者认为，课程与教学目标必须写出学生学习之后应该具有的行为表现，这些行为还应是具体的、特殊的、可以观察的，所以要摒弃含糊的、概括的行为动词。行为目标为学校教育提供了一个有效的标准，根据这一标准，同类的不同学校之间的教学、同一年级的学科教学具有了可比性。另外，行为目标的提出也有利于教师对教学全程目标和方向的控制；教师还可以根据其教学行为的具体活动，准确评价教学效果，判断教学目标是否达到。因此，行为目标对于强调基础知识的学习和基本技能的训练，对于保证一些相对简单的教育目标的实现是有效的。然而，反对行为目标者认为，零碎的学习行为容易操作，但真正重要的教育成果反而被忽视，客观机械地测量行为从而在途径和方法上降低人性，精确地计划学生在教学之后应有的行为是不民主的，教师很少用可测量的学生行为表述其教学目标，而且有些学科（如艺术、人文）等很难指出可测量的行为。关于课程目标的理论，特别是泰勒的理论，在课程领域的影响是巨大而深远的，尽管难免有各种局限和缺点，但其意义毋庸置疑，至今仍然被人们作为经典来认识和研究。对于长期以来我国在课程目标的研究极度缺乏的状况下，行为目标的课程理论意义更加突出。

（三）生成性目标

生成性目标也叫作发展性目标、展开性目标，它是随着教学活动的发生而自然生成的课程目标。生成性目标关注的是学习活动本身，并非规定性目标。坚持生成性目标的学者认为，教育活动是一个循序渐进的过程，不仅根治过去，还指向未来，是具有发展性的目标。

生成性目标的代表人物是杜威，杜威认为，目标并非抽象的、预想设定的教育经验，而是教育过程的结果。针对生成性目标，杜威提出了以下观点：

"教育即生活"。

杜威认为，教育来源于生活，随着生活的变化而不断完善、不断发展。教育的过程就是一个不断变化、不断完善的过程。

"生长是生活的特征，所以教育就是生长；在它自身以外没有别的目的。"

杜威将生长的概念引入教育上，生长用在教育上，是指儿童发展的各个阶段，不仅包括身体发展，还包括智力发展、道德发展、素质发展。

杜威的生成性目标强调过程中的内在发展，课程的终极目的就是促进学生的全面发展。

生成性课程目标的另一位代表人物是英国学者斯腾豪斯，他认为，课程需要通过研究教学实现，教师应当是教学的研究者，而非顺从者。因此，斯腾豪斯提出了过程模式的概念，认为课程是以过程为中心，根据学生在课堂上的表现而展开，这种观点摒弃了事先规定的以目标或以结果为中心的观点，遵循教学过程的内在发展规律。

生成性目标的主要优势在于充分遵循学生主体性地位，根据学生的兴趣、能力、个性发展设定目标，注重过程与结果、手段与目的的有机统一。学生在学习过程中，根据兴趣设定目标，具有较强的自主性。

在《基础教育课程改革纲要（试行）》中强调"积极开发并合理利用校内外各种课程资源"。这意味着课程实施中，教师不再是简单地、机械地教学，学生不再是盲目地、刻板地学习，教师与学生的关系也由教与授的关系转变为共同探索生成目标的关系，体现了课程的创生与开发，而课程的创生与开发对教师提出了更高的要求，需要教师付出较多的心血，开展前期的教学准备工作，在一定程度上教师没有太大的积极性。

（四）表现性目标

表现性目标是美国课程理论家艾斯纳提出的一种目标取向，旨在培养学生的创造性，强调个性化。表现性目标的提出是由于他曾经从事艺术工作，由此深受启发而提出了自己关于课程表现性的目标。表现性的目标完全不同于他所提出的教学性的目标，教学性的目标是在课程计划中事先预定好的，旨在使学生掌握现成的文化工具。教学目标对大部分学生来讲是共同的，它明确指出学生在完成学习任务后所应当习得的具体行为，如技能、知识条目等。然而不同的是，表现性的目标不是规定学生在完成学习活动后所习得的行为，而是描述教育中的"际遇"。表现性目标是唤起性的，而非规定性的，意在成为一个主题，学生围绕它可以运用原来学到的知识、技能，并且通过它得以扩展和拓深，同时赋予它个人特点。使用表现性目标，人们期望的不是学生反应的一致性，而是反应的多样性、个体性。对表现性目标的评价"应该是一种美学评论式的模式，即对学生活动及其结果的评价是一种鉴赏式的评价，依其创造性和个性特色检查其质量与重要性，而不能像行为目标那样，追求结果与预期目标的一一对应关系"。

表现性的目标反映出人文主义的追求，它期望学生反应的多样性、个体性。表现性的课程目标是对课程目标研究中的技术性倾向的抵制和反抗，它适合表述那些复杂的智力性的活动。表现性的课程目标关注的是学生在活动中表现出来的某种程度上首创性的反应的形式，而不是事先规定的结果。因此，它只是为学生提供活动的领域，至于结果则是开放的。表现性的课程目标可以使教师和学生摆脱行为目标的束缚，以便学生有机会探究、发现他们自己特别感兴趣的问题或课题。然而，表现性目标则过于模糊，很难起到对课程的指南作用。尤其是各门学科都有自己固有的特点，在某些学科领域，表现性目标很难保证学生掌握他们必须掌握的内容。

二、职业教育应用型课程的内容

（一）应用型课程内容的特点

应用型教育是在本科层次上为进入应用科学和现代技术领域就业的学生提供为期四年的专业准备的教育。它以培养具有较强专业理论基础、实践技能和应用能力并服务于生产、建设、管理第一线的高级应用型的人才为主要目标。应用型教育所培养的人才应该符合本科层次的高等教育的专业标准要求，同时必须是应用型的，具有较强的实践操作技能。应用型教育目标的实现，最主要是通过建构科学合理的课程内容来达到的。通过对应用型课程目标的分析，来选择应用型课程内容。

应用型课程内容的选择应该从工作岗位、工作任务出发，强调学生能力的培养，要求企业和学校合作，理论和实践结合。应用型课程内容，应该是工作过程系统化的知识体系。所谓的工作过程系统化的课程内容，是指课程内容强调的由经验层面向策略层面的能力发展；关注在如何满足社会需要的同时，重视人的个性发展，关注在如何实现就业导向的应用型教育大目标的基础上，实现人的可持续发展。

什么是工作过程？它是在企业里为完成一件工作过程并获得工作成果而进行的一个完整的工作程序。工作过程系统化的课程表述，不是学科名词或名词词组，而是更多的动宾结构或动宾结构倒置的表述。形象地说，应用型教育课程的内容是写实的，不是写意的。一看课程的内容就知道，你学的是什么，不是符号，不是符号构成的概念，不是用概念堆积起来的定理、原理的表述，而更多的是对从实践、工作岗位出发概括的能力的表述。应用型教育课程内容设置的起点是专业，是工作岗位，而不是试图从静态知识出发去面对变化的未来工作岗位。

工作过程具有综合性的特点。其综合性表现在三方面能力维度上，这三方面的能力是指专业能力、方法能力和社会能力，如图6-4所示。

它是整合的、集成的，而不是叠加的。一次性的学习和一次性的思维定式是过时的，如何在有限的时间、有限的专业能力培养的过程中，让学生学会学习、学会合作、学会工作，这是一个大课题。三大能力的培养是需要集成的，不是做算术加法能实现的。同时，工作过程时刻处于运动状态中。具体来说，是工作过程的对象、内容、手段、组织、产品、环境这六个要素总是处于变化之中。职业不同，六大要素所体现出来的工作过程的特征也不同。

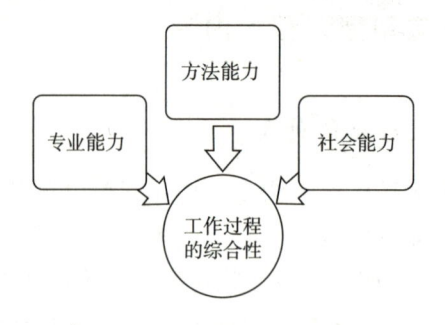

图 6-4　工作过程的综合性表现

应用型课程内容，不像学科体系课程关注的是陈述性知识，它关注的是程序性知识。所谓陈述性知识，它是用符号组成的概念和定理、原理等，强调的是"是什么"的知识，进一步还要讲这个知识是怎么来的，这个概念是怎么来的；强调对这些知识的理解和论证，甚至要用数学推理去证明它的来龙去脉，由此就又要讲"为什么"的知识。陈述性知识过多涉及的是事实概念的知识，因此，它易量化、易符号化、易编码，并且易于用语言文字表述出来，因而很容易脱离个体而存在。也就是说，陈述性知识是一种现行知识。

应用型课程内容应以程序性的知识为主。程序性知识即操作性知识，是关于"如何做"的知识，是关于解决问题的思维操作过程的知识，是关于如何实现从已知状态向目标状态转化的知识，包括传统的动作技能和智力技能，是一种动态的知识。程序性知识表现在一个人能顺利地完成某种操作，是个体具有的用于具体情境的算法或一套行为步骤。在人的知识结构中，程序性知识占有重要的地位。有关研究表明，专家与非专家之间的一个主要区别是，专家具有本领域丰富的程序性知识，专家懂得怎样分类，懂得操作信息的专门化规则。此外，从广义知识的角度看，构成基本认知技能的重要成分的知识主要是程序性知识。

现代认知心理学又把程序性知识分为模式识别程序和行为序列程序两种类型。模式识别程序说明归类能力，行为序列程序说明运用符号进行序列操作的能力。在实际生活中，各种物体、语言文字、图像都可以称为模式，它们是由若干元素按照一定关系组成的一种结构。模式识别程序是对内外刺激模式进行分类和判断的基础。人们通过这一程序能够识别某一特定的刺激模式，或者对事物加以分类和判断。行为序列程序是连续操作的基础，它不仅要识别模式，而且要进行一系列操作，也就是使对象的状态发生改变。

陈述性知识和程序性知识不是对客观知识的划分，而是对人的头脑中的个体知识的分类。程序性的知识是在陈述性知识的基础上发展起来的，个体把陈述性的知识与具体的任务目标联系起来，从而去解决问题，在解决问题的过程中，个体把陈述性的知识转化为程序性的知识。

（二）应用型课程内容选择的要求

应用型课程内容选择，在知识方面，应该强调理论知识与实践知识并重。而且一般来说，所学的理论知识是为实践能力的培养打基础的。因而，应用型课程的知识内容不同于学术型本科课程知识内容，学术型本科课程内容是按照学科知识体系进行课程设置，而应用型课程内容应该是从活动项目中概括出来的共同的理论知识原理、定律和经验知识组成的系统知识体系。

应用型课程内容的选择要以程序性知识为主，以陈述性知识为辅。要以经验和策略的知识为主，以事实、概念和理解、论证的知识为辅。要以"怎样做"和"怎样做更好"的知识为主，"是什么"可以讲一些，"为什么"，特别是理论上的"为什么"，就应不讲或少讲。应用型人才是面向生产、管理、服务第一线的实用型人才，他们要解决的是生产一线的实际问题，因而，操作性、策略性的知识技能就显得特别重要。这是职业分工、劳动分工，以及企业、社会、经济和人的职业生涯发展对应用型教育所提出的要求。

应用型教育的专业所面对的职业岗位，涉及农业、工业、服务业三大产业，非常复杂，十分广泛。职业之所以成为一个职业，是因为它存在着一定的结构，由于这个结构的存在，使它具有一定的普遍性，使得我们能够以此为依据进行课程内容的选择。然而，在学术型的教育中，尽管它具有众多的专业，我们却找到了一个普遍适用的课程结构，这就是大家所知道的学科知识结构。学科知识结构在过去、现在和将来都会发挥着不可替代的作用。作为人类宝贵的文化遗产，它是知识储存、知识传递的最经济、最简约的一种结构。显然，应用型教育的课程开发不能像学术型课程结构那样，它应该以项目、模块、工作任务等为依据来进行课程内容的选择。当然，职业资格不能作为应用型教育的课程内容选择的依据，但它是应用型课程内容选择的平台之一。因为，仅仅以职业资格作为标准来开发课程，这样会使应用型教育滞后于职业的发展，应用型教育应该具有一定的超前性。

应用型课程内容的选择应该体现社会的需要、企业的需要，以及经济发展和个性发展双重需要。其课程内容的设置应该由经验层面的知识技能向策略层面的知识技能发展。策略建立在经验基础之上，是对经验的系统化和结构化。随着工作过程复杂程度的增加，经验层面的知识技能不能解决的问题，依靠策略层面的技能就可以解决。应用型教育培养的是高技能型的人才，所谓的高技能型的人才，应该是具有很高的策略层面技能的人。技能是运用专门技术的能力，它不仅包括动作技能，也包括心智技能。由于我国产业结构的调整，特别是我国工业化程度的提升，以及信息化时代的到来，我国需求的人才结构也要发生巨大的变化，即由经验层面的技能人才向策略层面的技能人才提升。

（三）应用型课程内容的选择原则

应用型课程内容的选择原则，包括基础性原则、可操作性原则、实践性原则三大原则。

1. 基础性原则

应用型课程在内容选择上，应当选取基础的、时代的、创新的内容，选择的内容应当服务于高职院校学生的知识与技能的生成，同时要注重发展学生的各项能力，为以后从事的岗位服务。应用型课程的内容包括以下几个方面：

①系统知识的基础，包括基本理论、技能；②一般学习能力基础，包括组织能力、查资料能力、记忆能力等；③方法的基础，包括学习方法、探索方法、创新方法等；④使用工具的基础，即使用计算机、计算器、简单机器等工具；⑤做人的基础，即形成正确的人生观、价值观；⑥艺术鉴赏的基础，即有一定的鉴赏力及审美能力；⑦身体的基础，即拥有强健的体魄、健康的心理。

当然，基础性与前沿性并不冲突，学生不仅要把握学科领域的前沿动向，还要关注基础性知识与技能，打牢基础，为各项能力的培养奠定基础。

应用型教育是建立在普通教育基础之上的专业教育。如果不进行专业教育，不承担起专业人才培养的作用，就不是高等教育而是普通教育，但高等教育只进行专业教育是远远不够的，只进行专业教育，可以把人培养成一台有用的机器，但不能使其成为一个和谐发展的人。因此，应用型课程内容的选择除专业基础、专业方向的知识外，还应该选择人文社会科学方面的知识，以提高学生的综合素质，为培养可持续性发展、宽口径的现代应用型的人才打好基础。在知识能力结构上，要向厚基础、宽口径、工与理结合、工与管理结合的方向发展。具体来说，应用型课程内容包含扎实的自然科学基础知识，人文、艺术和社会科学基础知识，系统的专业基础理论知识、先进的专业领域或专业方向理论知识，较强的实践工作独立动手能力。

应用型人才培养要以知识为基础、以能力为重点、以服务为宗旨，注重知识、能力、素质协调发展，要根据专业人才培养目标对课程内容进行设计与开发。在课程内容选择时要根据各门课程建设和发展的前沿动向，借鉴国内外同类课程开发的经验，设计符合专业培养目标规范的课程计划和具体的课程内容、教学环节、教学方法等。课程内容的选择要为专业培养目标服务，要尽量做到厚基础、综合化，吸收学科发展的最新成果，突出重点和难点。

2．可操作性原则

应用型课程内容选择时应该遵循可操作性的原则。程序性的知识应该是应用型课程内容的主要选择。程序性知识在人的大脑中是以产生式及产生式系统的方式贮存的。产生式是程序性知识在大脑中的贮存方式，所谓的"产生式"，就是这样一些"条件—行动"的结合原则，它表明了所要进行的活动以及做出这些活动的条件。产生式以"如果……就……"的形式存在，即在满足某个条件的时候，我们做出某个行动。它遵循条件—行为规则，即它的程序是：当特定条件存在时，一定的行为就必然发生。它由一个条件从句和一个行为从句构成，条件从句确定某种行为发生的充分条件，行为从句列举出当该条件具备时所必然发生的行为。

程序性知识主要通过产生式系统来表征。产生式与产生式之间是通过系列控制而相关联，当一个产生式的行为成为另一产生式发生所需的条件时，就构成了产生式系统。产生式具有自动激活的特点，一旦存在，满足了特点的条件，相应的行动就会发生，这常常不需要太明显的意识；而且一个产生式的结果，可以作为另一个产生式的条件，从而引发其他的行动，这样，众多的产生式联系在一起，就构成了复杂的产生式系统。一个产生式的应用结果是一个信息的转化。在产生式系统中，即在一系列的相关产生式中，因一个产生式的应用而导致的信息转化结果提供了另一产生式的应用所需要的条件，因此，一系列相关行为就自动地发生。

3．实践性原则

应用型教育要特别强调课程内容的实践性。课程要为学生理解和接受，课程内容必须注重联系学生的实际经验。只有结合学生的实际经验来开发，课程才能为学生所理解。

应用型课程是沟通学生现实的生活世界和可能的生活世界的桥梁，因而，应用型课程内容不仅要指向科学世界，还要指向学生的生活世界。因此，课程内容应该加强综合性，通过各类课程、各种领域内容的整合，来满足学生的需要。实践教学对提高学生的综合素质，培养学生的创新精神与实践能力有着理论教学不可替代的作用。应用型人才必须具有较强的动手能力，因此必须根据专业培养目标要求，认真策划、设计实践教学环节的方案与内容，不断地改进实践教学方法，切实提高学生的实践能力和综合素质。

人才培养模式的改革是教育改革的关键，而教学内容和课程体系改革是人才培养模式改革的落脚点。培养面向生产一线的应用型高级工程技术人才应该是应用型院校人才培养的目标定位，那么，重视学生的实践动手能力培养应该是应用型课程目标，体现在课程开发上应该增加实践环节，增加设计性、综合性实践课程内容。应用型课程改革应该对传统的实验课的内容进行更新调整，淘汰过时的纯验证性的实验，而且设计性、综合性的实验内容占据总的实验内容要有较高的比例，通过实验课程内容的设计与创新，来培养学生的创新意识、创新能力、工作设计能力。

第三节　职业教育应用型课程开发与实施

一、职业教育应用型课程的开发

（一）通识教育与课程开发

高职教育应用型课程开发的目标是培养适应社会主义现代化建设所需要的德、智、体、美全面发展的人才，掌握现代科技文化知识，拥有现代化生产技术，具有创新精神和创新能力的应用型技术型人才。高职院校的应用型课程培养目标主要包括三个方面，如图 6-5 所示。

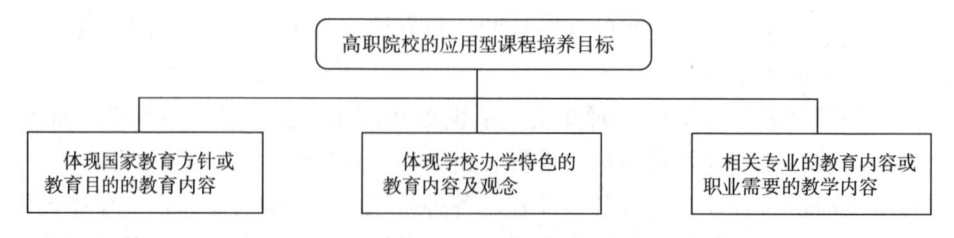

图 6-5　高职院校的应用型课程培养目标

换句话说，高职院校的应用型课程通识课程的开发，需要关照人的全面发展，满足社会的进步。当今时代的发展面临着一系列的发展变化，人们的生活方式、工作方式及价值观都发生了变化，需要改变原来的课程模式，大力发展应用型课程。

同时，高职院校的应用型课程开发通识教育课程要坚持民族性与国际性。应用型课程首先需要挖掘我国传统的优秀文化，抓住优秀传统文化中的精华部分，发展自己。课程究其本质来说其实是一种文化的选择，所以课程的实践过程其实也是学校选择文化的实施过程，高职院校此时可以借助课程设计实现文化的选择。开展通识教育课程的时候，首先要优化传统政治意识形态教育，改进并提高"两课"的教育教学质量；其次要加强普通的公民道德教育，引导学生树立正确的世界观、人生观与价值观；最后要加强情意领域的个性教育，塑造学生完美人性。

高职院校的应用型课程开发通识课程，也要体现学科的统一与结合。要将科学教育与人文教育、自然科学与社会科学、基础性与实践性等内容进行完美的结合与统一，才能培养出社会所需要的高素质的人才。应用型课程同时应该注意它的基础性，因为基础科学是全部知识中最稳定、最具有核心价值的部分，对人的成长和发展具有稳定的支撑作用。强调应用型课程的基础性，这样才能增强学生适应社会生活的能力。培养学生在生活中所需要的知识、能力与态度，增强学生的生活体验是应用型教育不应忽视的课程。生活体验则包括参加社会实践、社会公益活动及生产劳动和文化活动；走进企业、工厂、社区、乡村，参与和组织各类社会活动；与校内外的专家学者，各行各业代表进行座谈，参加科技、艺术的各种竞赛等，可使学生在实际社会活动中获得体验，促进学生身心的成长。总之，应用型课程开发，应该注意通识教育课程内容是一种广泛的、非专业性的、非功利性的基本知识、能力、态度与价值观，开发应用型通识教育课程的目的是把学生培养成健全的个人和负责任的公民，开发应用型通识教育课程的实质是培养"和谐发展的人"，开发应用型通识教育课程的宗旨是使学生先成"人"，再成"才"。

（二）多元智能理论与课程开发

1. 加德纳的多元智能理论为应用型课程开发提供了各种切入点

在课程开发过程中，这种理论激励了许多教师努力与有各种专长的人士结成合作群体或者采用各种媒体和技术。多元智能理论为发展每位学生的天赋才能，尽早地促进学生特定领域的早期分化提供了一定的理论基础。多元智能理论可作为扩大课程范围的例证，以融入更为广泛的课程内容。有许多人士强调增加视觉和艺术的表演时间，使艺术在课程开发中获得应有的地位。

在加德纳的著作问世以后，有些教师提出了一些基本问题，如果不开发每位学生更大的才能，那么学校的目的是什么呢？同时，加德纳自己构建了一个"个人中心课程"，使学校能够更好地满足学生的需求，进行有针对性的教育。教师如果要确认和培养每位学生的智力特长，经常会尝试为学生选择指导教师，建立学徒制。

加德纳的理论强调学生对基础课程"理解"的重要性。要确保学生能真正理解学习内容，并把所学的知识应用于新的情景中，实现这一目标并非易事。教育工作者如要有计划地开发课程，减轻学习负担的压力，提供学习课程内容的多元切入点，就要采用促进学生理解的多种教学方法。正如加德纳所说，从课程取向的角度分析多元智能理论就如同罗夏克墨迹测验。教师在应用多元智能理论教学的观点上可能存在较大的差异，甚至会产生冲突。加德纳声称，应用多元智能理论并不存在谁对谁错的问题。

2.注重学生潜能开发，推进应用型创新教育课程的开发

创新教育和创造教育有着相同和相近的含义，旨在培养创新性人才或创造性人才的教育。创造性是指人们应用新颖的方式解决问题，并能产生新的、有社会价值的心理过程。创新教育的兴起是近代和当代世界形势发展的必然，世界发展导致巨大的综合性竞争，而竞争主要体现为人才的竞争，创造性是人才的最重要的品质。比如战后的日本在"立足于国内，开发智力，创造新技术，发展新产品，保持竞争优势"口号的基础上，达成了对创造教育重要性的共识。在中国近代教育史上，著名的教育家陶行知先生笃信每一个人都有创造能力，极力主张开发和培养人民大众和儿童的创造力。他提出了解放儿童的眼睛、双手、头脑、嘴巴、空间和时间来"解放儿童的创造力"。

（三）多元文化与课程开发

任何事物的发生、发展都不是孤立进行的，而是在一定的历史环境下产生的。应用型课程的开发也不例外，它是在我国当前文化背景下发生的，受到文化的影响和制约。我国文化正处在20世纪90年代以来的大变迁时期，随着社会的发展，人们的生存意识和生存方式发生了变化，因而文化也应该与社会的发展相适应。随着社会的转型，文化也随之发生转型，社会文化的转型正处于文化的新旧交替阶段，新旧文化相互影响，整个社会的文化显得丰富、庞杂，彼此间更替快速而频繁。在多元文化的冲击下，原有的文化逐渐失去其原有的统治地位，而新的文化却没有建立自己稳定的地位，没有哪种文化占绝对的主导地位，从而使社会文化呈现多元的状态。面对我国经济体制改革所导致

的中国民族文化心态的根本变革，社会经济转型导致的文化转型，以及改革开放后多元文化并存的文化价值冲突，应用型课程开发面临着复杂的文化生态环境。

文化的目的是让人回归人类真实的生活。作为文化分解形式的应用型课程应该尽可能回到文化的逻辑起点——生活世界和人类活动，为学生创造体验文化发展方向或轨迹多元性特征的机会和条件，人类活动的逻辑——文化的逻辑就是"认知""做事"、会"共同生活"和会"生存"的逻辑。应用型课程开发应该回归人类的生活世界和人类活动，把人格的完美发展作为重要的应用型课程内容，构建一个关注世界和关注人类的平台，使学生具有思辨力、内蕴力和穿透力。应用型课程要防止片面强调知识的全面性、系统性和基础性，忽视对学生发展的作用；防止片面地强调技能方面的训练，忽视人文精神、文化素养的熏陶。应用型课程开发的重要任务之一是营造让学生学会"思想"的环境，提高和拓宽他们观察和思考问题的广度、深度、高度，让学生普遍具有一种精英意识。因此，应用型课程开发应该为学生建构一个观察世界和关注人类的平台。

应用型课程开发应该增强文化自觉意识。全球化时代，文化在社会发展和人的发展中的地位和作用日益突出。尽管文化是人类社会存在、发展的依据，但是在全球化社会，文化的地位和作用更加突出。全球化时期所产生的许多社会问题，如环境问题、种族问题、人口问题、核武器威胁问题、恐怖主义问题、食品安全问题等实质上是文化冲突的问题，是由于人们对待自然、社会和人自身的错误的或差异与冲突的方式引起的。换句话说，人类社会的危机实质上是文化的危机。对应用型课程开发的文化研究主要在于揭示传统文化中有利或不利于课程现代化发展的因素。随着全球化的进程，不同国家之间的文化交往越来越密切，文化在国际关系、国际竞争和综合国力中的地位越来越突出；不同的文化都在寻求认同的基础和得到尊重与存在发展的权利，因此，文化的冲突越来越激烈，这威胁着社会的整合和社会的民主；文化的形式越来越丰富，文化的多元性也越来越为人们所认识。

应用型课程开发要协调好现代课程文化和传统课程文化的关系。文化与课程是 对联系最为密切的范畴。课程起源于文化的传承需要，没有文化就没有课程，同时，课程又进一步促进文化的繁荣和发展。以发展为价值取向的现代教学文化和以接受为价值取向的传统教学文化是应用型课程开发的主要动因。这是从文化学的角度来检视课程文化冲突过程中的问题，畅想课程文化整合中的方略。文化的变迁与发展遵循"积累""突变""整合"三大规律，文化整合在于多元文化之间的理解，这为我们促进课程文化的变迁提供了方法论的支持。

作为文化变迁与发展的主体，应用型课程开发的目的是以促进学生的发展为价值取向，以理解为存在的方式，在文化的"积累""突变""整合"过程中协调应用型课程文化与传统课程文化之间的关系。

应用型课程开发就是要以科学的价值体系重新审视传统课程内容。在全球多元文化和社会分化的背景下，师生应该树立一种开放的心态，具体表现为愿意接受新事物，愿意接受新的理念，坦然面对自身不足。应用型课程开发如何保证多元文化的社会群体的利益，使课程开发能够促进社会、课程和人的协调发展？这个问题已经成为当前国际国内应用型课程开发不得不思考并迫切需要解决的一大难题。面对市场经济发展导致的价值观基本取向的变化以及网络文化背景下新的伦理问题的挑战和困惑，面对多元文化并存的格局，应用型课程与教学目标价值的选择应该处理好传统与现代、国际化与本土化的关系，在继承与改造的过程中进行价值建构。应用型课程开发就是改变传统的生活方式，以新的价值体系重新认识传统的大学课程内容，以新的行为方式来达到改进的目的。

应用型课程开发要关注大学生对知识的自主建构，还课程以文化品质，即关注学生对知识建构与多元理解，关注学生之间、师生之间的"精神的引出"，而不是制度化、客观化的知识的接受，这是课程开发首先要解决的问题，也是国际课程领域近几十年来重点研究的问题。应用型课程不仅仅是一种结果，更是一种意识。应用型课程观不能再停留在"课程即教材"这一层面上，而应该认识到课程就是师生共同建构学习经验的过程，从某种意义上说，应用型课程即生活。

从国际课程领域的研究范式来看，现代课程已由"课程开发"转向"课程理解"，从课程理解中还课程以文化品质。走向课程理解，就是视应用型课程为"符号表征"，用个人的视角去理解课程符号所承载的意义。教师在实施课程的过程中，首要任务是与课程进行对话，其目的是从政治的、种族的、现象学的、神学的、国际的、性别的、解构的角度理解课程。理解是个体对事物的体验与感悟，是不能替代的。对应用型课程的理解过程就是教学文化的吸收过程，即让师生融入应用型课程中，在理解中研究课程，在研究中理解课程，广泛地积累课程的滋养，使师生真正拥有课程。

二、高职教育应用型课程的实施

（一）课程实施模式

根据课程实施的取向和策略，可以归纳出以下具有代表性的三种课程实施模式。

1. 领导——障碍过程模式

这种模式认为教师对课程计划的抵制是课程实施的主要障碍，并主张采取措施消除这些障碍。具体措施有：使参与课程变革的人明确了解客户方案；使教师具有实施新课程方案所需要的技能；提供新课程计划所需要的材料和设备；使学校组织方式与新课程计划的要求相一致；使参与变革者自觉实施课程。这一模式重视提高教师的认识，强调为教师提供实施条件，但排除了教师参与课程设计的机会，不利于调动教师实施课程计划的积极性。

2. 研究——开发——传播模式

这种模式以"忠实"取向和"自上而下"实施策略为基础。先由国家召集相关人员具体研究，设计出新的课程计划，再通过宣传推广到学校中。具体来讲，这种课程实施模式认为，课程改革是由四个阶段按计划线性展开的过程，如图6-6所示。

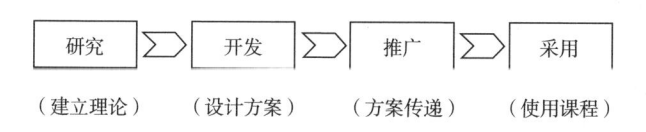

研究	开发	推广	采用
（建立理论）	（设计方案）	（方案传递）	（使用课程）

图6-6 课程改革的四个阶段

（1）研究：建立某种教育理论。
（2）开发：依据理论设计新的客户方案。
（3）推广：将新方案系统地传递至学校与教师。
（4）采用：学校与教师无权对课程方案进行修改或调整，只负责使用。

3. 兰德课程变革动因模式

它是在1973—1977年兰德社团对美国联邦政府资助的教育变革开展研究中形成的。他们发现实施课程变革的主要障碍来自学校的组织动力和人们的习惯做法，因而必须在实施阶段给学校加以一些鼓动变革的组织力量。这一模式由三个阶段组成：

（1）启动：变革领袖寻求所有可能参与变革的人（如教师、行政人员等）的理解和支持。

（2）实施：在这个阶段中，需要对新的课程计划的重点和要求做出适当调整，以适应本校的情况。

（3）吸纳：设立一些程序，尤其是在职培训等，来保证实施方案得到必要的人力与财政的支持。

这一模式关注具体变革过程中的社区、学校、教师等因素的特点，是基于"适应"取向的课程实施模式。

（二）应用型课程实施的主要途径

1. 教学是实施课程的主要途径

教学在课程实施中占有核心和主导地位。我们认为教学与课程是既相互联系，又有其各自研究内容的两个不同的领域。课程是学生在教学过程中需要体验、领会和掌握的教育内容，教学是教师和学生在教学过程中以课程为中介所进行的活动和行为，两者通过课程实施来发生实质性的关联。坚持以教学为主，统筹兼顾，全面安排其他工作是学校工作的一条基本原则。实践证明，坚持以教学为主，教育质量就高，相反，教育质量就低。教学的不可替代性决定了任何课程计划最终必须通过教学这一途径才能完成。没有教学，课程计划就无法介入教师和学生的视野与行为中来，因而无法对学生发生作用，课程计划的教育效益和社会效益都无法实现。

课程实施的目的和学生发展的复杂性决定了教学是课程实施的主要途径。课程实施的最后归宿和落脚点是对学生的学习与发展产生合乎社会需要的积极作用，而课程计划所提供的背景和学习材料必须经过教师与学生的积极选择才能作用于学生并对学生产生影响。同时，学生知识的掌握、能力的形成、个性的培养是一个长期的、复杂的过程。只有当教师和学生围绕着他们选择的课程内容开展一系列的心智操作和身体操作，课程计划所提供的内容才能深入影响学生的精神世界，并促进他们发展。离开了教学过程中的师生操作、互动、心灵的感悟和思索，再好的课程计划也无法落实，预定的课程目标也无法实现。

课程实施的不确定性和师生的主观能动性决定了教学是课程实施的主要途径。虽然课程实施受诸多因素的影响，但在教育行政部门和学校确定课程计划后，在学校环境和教育资源基本相同的条件下，课程实施的效果主要取决于具体的教学过程。有效的课程计划不一定能保证良好的实施效果，因为真实的教学过程和教学情景是具体的、不确定的、动态生成的。教师不是预定课程的简单再现者，学生也不是预定课程的被动接受者，教师和学生是课程的创造者，从某种意义上说，教师和学生本身就是课程。在教师和学生的平等交流与对话的过程中，完成课程计划，达到预期的课程目标。

2.深化产教融合

应用型课程产生的根源产生于产业发展的需求，因此要进一步深化产教融合，促进高职教育与人才培养，为产业发展与创新贡献力量。当前，推动复合型人才培养模式是应用型课程建设的关键。具体有以下做法：

（1）及时吸纳新技术、新工艺、新规范，纳入课程构建中，实现"知行合一""工学结合"。

（2）要充分利用校方、企业方的资源优势。学校方面，学校可以开发学校需要的课程，有专业的教师团队；企业方面，企业具有雄厚的资本、先进的设备、领先的技术等，双方只有合作，共同发挥双方优势，才可以实现优势互补、资源共享、共同发展。

（3）要建设一批具有高水准的实训基地。在实训基地，可以完成实践教学、职后培训、企业生产、技术体验等，为应用型课程教学提供物质保障。

第七章　职业教育精品课程构建

随着教育教学改革的不断深入，课程建设在各校受到普遍的重视。教育部发出《关于启动高等学校教学质量与教学改革工程精品课程建设工作的通知》，在全国高等学校中启动精品课程建设，使课程建设力度进一步加大，从优秀课程到精品课程，课程建设的内涵更加注重质量的提高。精品课程是学校办学水平的重要标志，高职院校必须有反映教育特色的精品课程，其建设的内容包括师资队伍建设、教学内容建设、教学方法和手段建设、教材建设、实验建设和机制建设等。

第一节　精品课程概述

一、精品课程的定义

精品课程是指能起示范性作用的课程，通常讲授精品课程的是优秀的教师，教学内容紧跟时代发展潮流，教材新颖、集思广益，教学管理先进。精品课程超越一般课程，体现了优越性，它的建设更多的是通过现代教育思想的影响构建特色鲜明、时代性强的课程体系，精品课程充分利用现代信息化技术，发挥学生的主观能动性，引领教育发展，本身具有先进性和示范性特征。

二、精品课程开发的意义

高职院校培养人才的过程中,教学工作是重点,课程建设则是教学工作的中心,精品课程的开发可以有效保障复合型人才培养的质量,充分发挥优秀教师的才能,通过现代技术手段有效激发学生兴趣,扩展学生知识的广度与深度。精品课程对教学思想、教学内容、教学方法、教学手段、课程体系等进行有效整合,选取适应当地社会及市场需求的内容进一步强化,推动了教育的改革。

精品课程的开发在发展到一定规模之后,通过现代信息技术可以实现区域或全国范围内的资源共享,进一步加强了精品课程的经验交流,实现了优质资源的共享,进而有效提升高职院校的建设质量。

三、高职院校精品课程的定位

高职院校的育人目标是以就业为导向的高等教育,需要培养兼具知识与技能的复合型人才,而学生将来就业将为企业的生产、设计、管理、流通、营销、服务等环节服务。所以,高职院校需要紧跟社会及市场需求,主动适应社会发展潮流,利用有利资源实现培养模式的升级。高职院校构建精品课程,可以彰显学校的课程优势,促进高职院校特色的形成。因此,精品课程的质量直接决定着高职院校的质量,高职院校必须构建反映区域特色、专业特色、时代特色的精品课程。

高职院校的精品课程有别于普通院校的精品课程,主要围绕专业培养目标设定,有别于"学科型"课程。高职院校的精品课程围绕职业性、应用性打造。结合精品课程的示范性,可以将精品课程定位为职业性、应用性、示范性,如图7-1所示。

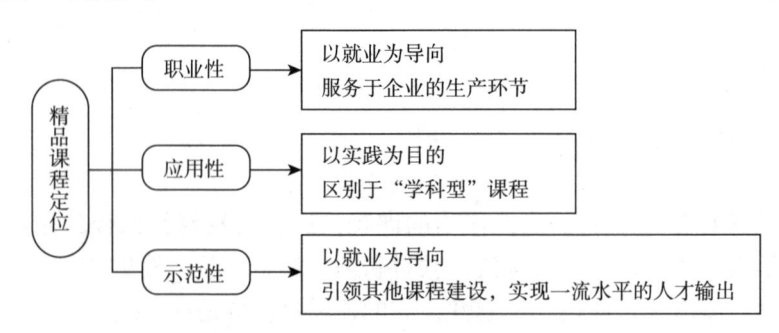

图 7-1 高职院校精品课程的定位

精品课程建设是理论到实践的过程，精品课程的建设还进一步辐射高职院校的其他构建，如师资力量、教学内容、教学方法、教材、教学管理等，这些都与精品课程相连，随着精品课程的深入，其他构建水平显著提升，共同作用于高职的办学质量。所以高职院校的精品课程定位有一定的受益面，经过不断发展，可以形成具有独特性的课程风格，为培养高质量人才提供了条件。

第二节　精品课程的建设、申报与评估

一、高职教育精品课程的内容建设

（一）高职教育精品课程的教学内容

高职院校的课程开展以培养人才的岗位适应力为出发点，依照人才培养规格制定综合能力表，构建适合岗位发展的课程体系，岗位适应力由多个自能力构建而成，课程构建需要依照子能力的要求选择相应的课程内容，然后按照逻辑顺序编排，实现精品课程的逻辑性与针对性。当然，这样的构建方式不能保证课程的完整性，但选取的内容充分遵循了教学规律，做到教学内容为教学目标服务，精品课程的教学内容应当有清晰的教学目标和教学结果，课程进行中，教师要着重培养学生的动手能力，即"是什么""怎么做"，在此基础上，探究"为什么"。高职院校的精品课程强调运用相关的理论解决相应问题的能力，具有很强的操作性。

实用性是高职教育课程的主要特征，因此在开展教学时，要特别重视实验、实习等环节，保证这些环节的硬件、软件的齐全，所以课程安排要充分体现课程的实践性，坚持理论与实践并重的原则，即既要反对理论支撑一切的做法，也要杜绝无目的的实践；既要培养学生的专业能力，也要培养学生其他方面的能力，实现学生的全面发展。

通过现代信息技术打造精品课程建设，是精品课程建设的主要方面，在建设过程中，以现代信息技术为依托，通过把握职业教育专业的内容及课程体

系，转变落后的观念，改革课程体系，使教学的内容迎合时代发展，使教学内容与当时、当地的经济和技术水平相适应。

（二）高职教育精品课程的师资队伍

在精品课程构建过程中，是否有雄厚的师资力量是衡量精品课程的重要标准。师资队伍同样对学校的建设与教学改革有积极的作用。因此，高职院校的精品课程要围绕"双师型"（教学＋实践）建设，这些教师具备丰富的专业知识及专业素养，有较强的教学能力，能达到良好的教学效果。如何为高职精品课程的师资队伍提供良好的发展环境是当前高校的发展重点，高职院校要为这些教师提供良好的工作、教学环境，支持他们精品课程的工作，促进其能力的发挥，实现教学水平的提升。应当发挥精品课程教育队伍中青年教师力量，鼓励他们积极参加除教学工作外的科研工作、实践工作，促进能力的稳步提升，为精品课程的师资队伍注入新鲜的血液。

（三）高职教育精品课程的教学方法、教学手段

由于课程内容依据现代社会发展需求设立，所以教学内容要通过一定的方法、手段来完成。新的教学内容可以采取新的教学方式，如结合信息技术，让教学内容更加灵活，还要采用新的教学思维来指导实践，总之开展教学工作，要依据课程内容调整教学方法，教会学生内容。另外，高职教育的课程最终面向一线工作，所以具有实践性特点的教学方法也需要尝试，如现场教学、讨论式教学、案例教学等，通过提升学生的动手能力、实践能力改革传统教学方法。

与现代信息技术的结合，促进高职教育课程的教学手段的提升，教师在讲授精品课程时可以共享精品课程的内容，挖掘网络优质资源为教学服务。只有组织教学才能将教学课程落到实处，才能检验精品课程的质量；只有组织教学才能使精品课程焕发生命力，实现学生综合能力的提升。

（四）高职教育精品课程的教材

精品课程除选用国家级的优秀教材作为教学重点外，还要专门生成符合专业发展的教材。所以，教材建设也是精品课程建设的一部分。教材建设主要围绕课程目标，结合专业知识及实验、实训等研发，研发的团队包括行业组织、学科专家、主讲教师等，在开发的过程中，要始终把握精品教材的时代性、实用性，引入专业领域的发展动向，拓展专业领域的方位，并留好"接口"，为之后的内容更新作铺垫。精品课程的教材可以多开发适合学生自主学

习的形式，以此启发学生的思维，反映课程特色的同时还提高了学生学习的积极性。

（五）高职教育实践基地

实践基地是配套精品课程实施的重要途径，是专业实践教学基地建设的重要组成部分。实践基地要充分考虑精品课程的实践性，以实践、动手为导向，模拟一线的生产环境，改变原来的单个实验室的模式，转向建设综合性、创新性的时间基地的建设。校外实践基地的建设，要与专业领域内的知名企业合作，建立长期合作机制，实现课程内容与企业生产紧密结合。校外实践基地的建设，要迎合课程培养目标，提升学生的技术应用能力及创新发展能力。

二、高职教育精品课程的步骤

高职教育精品课程的建设，一般包括以下七个方面的建设：
（1）制定课程建设目标。
（2）设置教学内容，完成体系构建（包括教材构建）。
（3）课程实践基地建设，包括校内、校外实践基地建设。
（4）精品课程师资队伍建设。
（5）运用现代信息技术，实现教学方法、手段的现代化。
（6）教学内容、教学体系、教学方法、教学手段的整合与改革。
（7）精品课程的线上共享建设。

精品课程依托网上课程的优势，表现出巨大的优势，一方面，精品课程的线上课程可以实现共享，使学生得到优质的教育资源；另一方面，精品课程具有示范性，指导其他专业课程的发展。精品课程的建设需要设立明确的建设目标，设置专人负责课程建设进度，促进精品课程在较短的时间内显示出优势，当然要做好精品课程，还需要长时间坚持，形成一定的周期，在改进与发展中，完善课程体系，培育出更多符合岗位需求的优质人才。

三、高职教育精品课程建设的评估

（一）高职教育精品课程建设的指导思想

高职教育精品课程有助于专业高职院校的教学观念，进一步深化课程改革，在课程内容上深化，在教学方法及手段上革新，最终提升高职院校的办学水平及人才培养水平，一般来说，高职教育精品课程的指导思想包括：

（1）课程结构——以模块化设置为特点。

（2）课程视野——以当下技术为指导。

（3）课程核心——以培养学生的职业能力为目标。

（4）课程指导——以培养双师型教师为重点。

（二）高职教育精品课程建设的评估体系

高职教育精品课程建设的评估涉及十个方面的内容：

（1）建设措施。

（2）课程目标。

（3）课程内容与结构。

（4）教学方法与手段。

（5）课程团队。

（6）课程研究。

（7）课程资源。

（8）课程考核。

（9）教学效果。

（10）课程管理。

建设措施：包括确定领导小组、制订精品课程建设规划、课程建设经费三方面。其中建设规划部分，要求精品课程项目已经实质性启动。

课程目标：包括课程定位、课程作用、课程目标、培养目标的确立。课程定位需要阐述课程与其他相关专业课程的关系。课程的目标指向学生的各种能力的培养。

课程内容与结构：课程内容应充分体现职业教育的性质，能吸收新的知识、技术、工艺紧跟前沿领域发展动向，同时课程中还渗透着职业道德、安全规划等内容。课程结构以模块化课程结构为主，依照岗位流程、岗位任务设定。课程实践教学，要求实践教学的内容要达到50%以上。[1]

教学方法与手段：以"教""学""做"合一为指导原则，结合课程内容，采取相应的教学方法进行教学，一般的教学方法包括现场教学法、案例教学法、项目教学法、探究式教学法、讨论式教学法等；同时，高职院校的精品课程建设还依靠多媒体技术得以充分展现，通过建立精品课程网站实现共享。

---

[1] 周时梁：《高等职业教育教学模式研究》，长沙，国防科技大学出版社，2008.05。

课程团队：精品课程的课程团队结构由高级专业技术职务教师、终极专业技术职务教师、双师型教师、实验实训教师等组成，且规定各教师的比例至少达到30%、50%、70%。课程团队的本科学历教师达到100%。❶

另外，课程团队还包括课程的主讲教师、课程负责人、课程团队建设规划，一般来说，主讲教师的专业知识、实践能力较强，多为高级专业技术职务教师。课程负责人对课程的建设起带头作用，在相关的专业领域中有较高的学术造诣，有一定的知名度。课程团队建设规划要求已经实质性启动，规划目标明确，具备可操作性。

课程研究：包括教学研究与推广、应用技术开发与应用两个方面。课程研究需要具备一定的创新，可以将教学成果在更大的范围中推广。精品课程在开发的过程中，开展了应用技术的推广、咨询、服务，并在当地取得了成效。

课程资源：包括课程教材、教学资源库、实验实训室、校外实践基地等，课程的教材或者是国家级教材，或者是校本教材。教材又分为教学指导书、实验实训指导书。教学资源库主要包括纸质资源、电子资源、网站资源，涵盖教学目标、标准、内容、教学指导、评价方案等要素。校内的实验实训室，要求设备达标率及设备完好率合格，具备完善的实验实训管理制度。校外实践基地要求学校与企业建立深度的合作机制，并进行实训内容、创新程度、实践管理等方面的考核。

课程考核：考核的标准以职业能力为核心，涵盖知识、技能、情感、态度等的考核，通常采用笔试、口试、论文、操作等形式，根据具体的内容开卷或闭卷。对于校企合作形式展开的精品课程，还可以建立学校、企业、社会考核评价结合的形式，进行课程考核。

教学效果：在知识与技能方面，学生可以在教学结束后，掌握85%以上的知识点，掌握了100%的技能。在学习目的方面，能理解本门课程在专业中的作用，进一步激发学生的兴趣。在职业素质方面，能养成课程所要求的职业素养、团队精神、坚持精神，能与团队合作，共同完成工作项目。

课程管理：包括课程的实施反馈处理；精品课程的共享；网上精品课程的及时更新等。

---

❶ 周时梁：《高等职业教育教学模式研究》，长沙，国防科技大学出版社，2008.05。

四、高职院校精品课程的申报与评估管理

各高职院校根据实际情况于每年5月底向省教育厅申报省级精品课程建设项目,省教育厅组织专家对申报文件进行评阅,文件审阅通过的项目进行现场考察和项目陈述,最后投票决定立项与否。课程建设期不超过两年,以学院自筹资金为主,省教育厅视项目情况给予一定的经费支持。建设期间每年评估一次。建设完成后,组织评估验收,合格后授予省级精品课程称号,代表职业院校最高水平。精品课程实行动态管理,每两年复查一次,水平下降者取消称号。

第三节 精品共享课程建设

精品共享课程作为国家精品课程建设的进一步发展结果,有着积极的作用,当前有些专业虽然非常重要,专业培养的人才也对社会发展具有重要的作用,但相关的精品课程却很少,亟待加大力度建设,且一些精品课程存在照抄照搬现象,没有实质的意义。要将专业精品课建设为对学生大有裨益的课程,需要积极构建精品课程的新模式,构建共享课程模式,促进精品课程迈向新的阶段。

一、转变课程设计理念

高职院校国家精品课程评审大致经历了两个阶段,如图7-2所示。

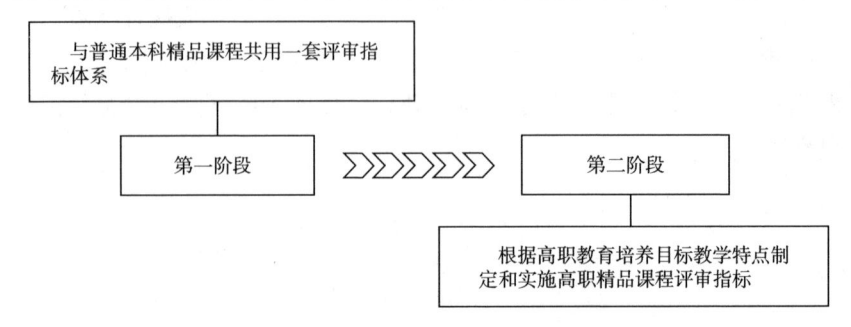

图7-2 高职院校国家精品课程建设经历的阶段

当前，高职院校的国家精品课程实施的是独立评审指标，这是国家精品课程建设的亮点。从 2011 年一直到如今，国家级精品课程评审工作的重点转向了精品课程的升级，其升级体现在以下几个方面。

（一）对课程的对象精准定位

精品共享课程由原来的服务教师为主，转向服务教师与学生的课程共享，这体现了新教育理念的影响。升级之后的精品共享课程不仅方便教师教学，还为广大学生提供优质的数字化的学习环境，在这样的环境下，学生可以结合自身兴趣进行针对性学习，这样学生的自主学习能力得到了显著提升，同时有利于学生终身学习理念的形成。未来，精品共享课程的服务对象进一步扩展，社会学习者将成为课程的对象，即凡是学习者都有权利享受精品课程，这一转型体现的是高校服务区域的一大特性，体现着高校推进文化的传承与创新的角色。

（二）突出校企合作

高职院校的精品共享课程，应当加强与企业、行业的联系，课程内容的制定、目标的生成等都应当在合作中融合各方需求，根据实际制定出的。之前的老师、市场、企业片面决定论不可取。依据校企合作进行课程设计，同时，学校企业的作用还应当渗透在教学的整个过程中，通过现场教学、学生实习、专家讲座等方式，锻炼学生的动手能力、操作能力。在学生的评价方面，也由原来的分数评价，转变为教师评价 + 试卷成绩 + 企业评价的多维评价方式，这种考核评价方式体现了综合性。有些专业受客观原因限制，招收的实习生非常有限，就导致了学生无岗位可实习，针对这样的情况，学校应当主动解决企业难题，可以为企业提供办公场地，企业可以分批分时接纳实习生，企业盈利可以按比例支付给学校及学生，这样，不仅能使企业接收实习生的热情增加，还能在一定程度上为学校创收。

二、建立持续更新与共享机制

（一）进一步提升网站的吸引力，增加浏览量

要打造具有吸引力的精品共享课程网站，需要在以下几个方面努力：

（1）课程的界面要简洁明了，解决师生的痛点。在视觉呈现上，可以采用现代 Web 技术设计共享课程网页，虽然课程内容是共享课程的内核，但美观的视觉呈现给人以视觉上的享受，会吸引访客点击观看。

（2）要定时更新网站的内容。可以利用热点结合课程内容，增强课程的时代性。在网站首页开发出全文搜索功能，方便浏览者搜索。

（3）共享课程的个性化设置。以课程的实用为出发点，通过个性化设置提升课程的价值，吸引更多的读者阅读。

（4）运用技术手段提升网站速度，增强游客的体验感。

除了技术手段外，还可以设置课程的展示，增减互动栏目，游客可以发布体验心得。网站还可以加入一些自测题，加深对课程的体验。

（二）定时更新精品课程的内容

按照精品课程建设规划的要求更新精品课程的内容，要确保精品课程的更新率在10%以上。精品课程内容的更新是为了更多的群体能学习精品课程的内容，指导自我实践生活，实现能力的持续提升。所以网站的精品课程不仅仅为了评审，还要更新课程的内容，确保完整性和新颖性，真正为广大师生服务。要确保精品课程可持续发展，需要做到以下三个方面的内容，如图7-3所示。

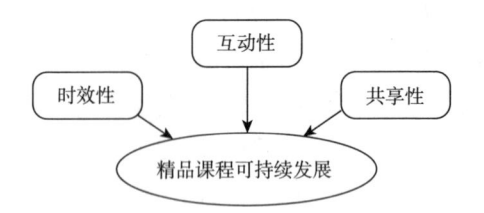

图7-3 精品课程可持续发展的路径

1.保持时效性

与专业前沿动态相结合，更新课程内容，实现精品课程的动态发展。

2.增强互动性

加强教师与学生之间的联系，加强师生之间的互动性。利用现代网络空间建立起的师生交流，打破课堂教学的时间、空间的界限，通过跨时空性进一步打破教学互动的障碍，加强师生的互动。教师可以利用在线测试掌握学生的学习情况，有针对地解决学生问题，实现学习效率的提升。

3.突出共享性

可以利用区域优势，如广东省内的各高职院校对每一门精品课程成立了专门的鉴定小组，鉴定小组需要向省内的各高职院校征集意见，所选出的真正优质的资源，发布到精品课程网站上，供广大学习者享用。

（三）进一步加强信息技术手段，方便精品课程资源的传播、共享

共享的程度一方面可以体现为精品课程资源的便利性；另一方面可以体现为精品课程资源的服务广度，因此要加强精品课程资源的共享性、普适性、便利性，为广大学习者提供一个数字化的共享空间。"教育云"成为未来教育发展的主要形式，"教育云"为广大师生提供云服务，其运行机制，如图7-4所示。

```
                教育云精品共享课程
         ┌───────────┼───────────┐
    基础云服务平台   教育资源云    教育管理云

    ┌─────────┐  ┌─────────────┐  ┌─────────────┐
    │ 接收设备 │  │   移动学习   │  │   服务对象   │
    │         │  │             │  │             │
    │手机、笔记│  │学习形式的移动性│ │  教育机构、  │
    │本等      │  │学习过程的交互性│ │教育从业人员、│
    │         │  │学习内容的微型化│ │   学习者    │
    │         │  │学习时间的碎片化│ │             │
    │         │  │学习技术的融合性│ │             │
    └─────────┘  └─────────────┘  └─────────────┘
```

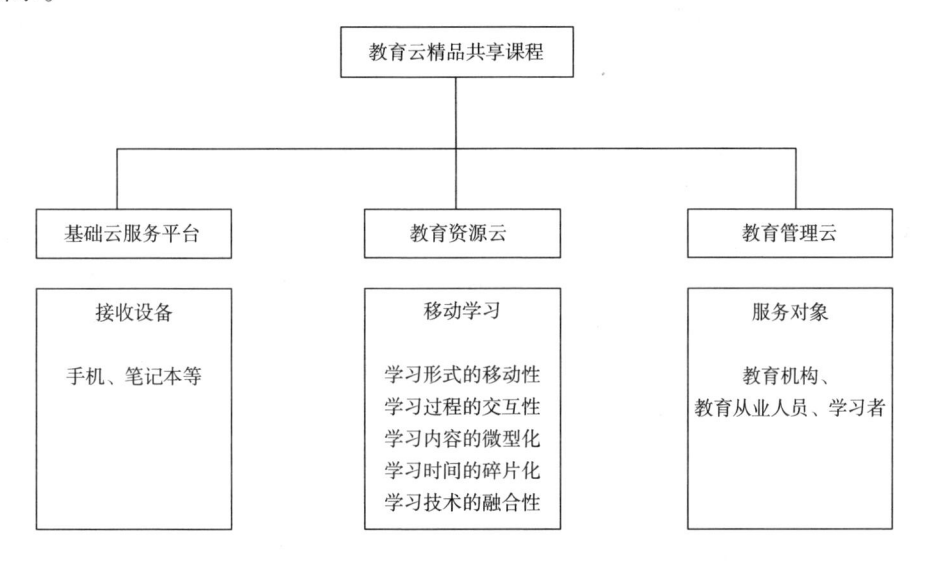

图7-4　"教育云"精品共享课程实现教育资源共享途径

"教育云"将会成为未来教育信息化的基础架构，包括教育信息化所必需的一切硬件计算资源，经虚拟化之后，会向教育机构、教育从业人员和学习者提供良好的云服务。借助基础云服务平台、教育资源云和教育管理云，精品资源共享课将能实现优质教育资源共享之目标，全面实现构建终身学习体系之梦想。随着手机、平板电脑和各种移动终端的普及，移动学习开始普及，其所具有的学习形式的移动性、学习过程的交互性、学习内容的微型化、学习时间的碎片化、学习技术的融合性等，都将成为支持精品资源共享课创新学习模式的新途径。

通过分析"教育云"精品课程实现教育资源共享的途径，得出这样的结论：在建设共享课程时，既要利用现代信息技术的学习功能，不断提升学习者的学习兴趣，又要结合移动设备的特性，开发出适合移动媒体学习的资源，使精品课程资源呈现出广泛性、灵活性、具体性，方便学习者学习。

三、优化教学团队

教学团队直接决定了精品共享课程的质量,所以精品课程的开发需要进一步优化教学团队,构建精品共享课程的师资力量。

(1)精品课程需要选择行业有影响力的人担任课程开发的负责人,负责人在精品课程建设中占有重要地位,直接决定着精品共享课程的发展方向,所以在选择课程负责人的时候,要选择在专业领域中有较大影响力的专家或学者。课程的负责人不仅要把控课程的进度,还要承担教学任务,了解本专业的前沿动向,通过为企业发展提供可参考性意见,进一步深化校企合作。

(2)吸收更多的双师型人才,尤其具有行业或企业经验的人员。高职教育课程本身的实践性强,开展理论与实践课能实现复合型人才培养的策略。另外,教学团队也是提升学生综合能力的保证,教学团队的优化不仅表现在对系统专业知识的掌握,还表现在实践能力的培养,两大方面的提升可以加快复合型人才的培养。所以,就整体而言,当下的重点是加大教学团队的能力建设,在方向上把控、在能力上逐渐提升,促进精品课程的成型与运用。

四、完善建设环境

建议高职院校加大课程开发的力度,明确课程建设的目标,明确课程开发的思路,构建以校企合作为基础的高职教与精品资源共享环境。

1. 进一步深化校企合作

校企合作所开发的精品课程,能有效避免课程与生产的脱节。在建设过程中,校方及企业方要明确共享课程的负责人,强化目标管理,完善项目的激励机制。这样可以带动负责人的积极性,提高校方、企业方的参与度。

2. 坚持原创性资源比例

通过优秀教师多年教学及"实战"总结出的经验所形成的原创性较高的精品课程将成为精品共享课程建设的重点,通过提升原创性的比例,增强精品共享课程的含金量。

3. 强化评审政策导向

精品课程的建设应结合区域产业结构进行调整,做到专业设置合理,课程建设专业,为区域经济的发展作贡献。通过建设精品共享课程,可以为教师、学生、企业员工提供系统的知识与技能，还能了解专业的动向，增强学习者的岗位适应力。

4.实施精品共享课程的常态化管理

高职院校应当建立促进精品共享课程的长效机制，对课程进行常态化管理，通过申请国家专业建设与职业发展管理平台，实现精品共享课程的可持续发展。

第四节 精品在线开放课程建设

一、在线开放课程与在线教学

（一）在线开放课程的兴起

大规模在线开放课程，其英文为"massive online open course"，简称"MOOC"或"慕课"。自2012年在美国面世以来，迅速引起了全世界各国的高度重视。"慕课"等新型在线开放课程和学习平台在世界范围迅速兴起，拓展了教学时空，增强了教学吸引力，激发了学习者的学习积极性和自主性，扩大了优质教育资源受益面，正在促进教学内容、方法、模式和教学管理体制机制发生变革，也因此受到了越来越多高校的重视。我国教育部于2015年4月印发了《关于加强高等学校在线开放课程建设应用与管理的意见》，提出到2020年要认定3000余门国家精品在线开放课程，大部分省级教育行政部门也随即出台措施，建设一批省级精品在线开放课程，推动普通高等学校和高等职业学校信息化教学的进展。

（二）在线教学

在线教学也称网络教学，是利用互联网进行教学活动的一种模式，这种模式是精品课程落地实施的主要范式。教学实施是课程建设成果的最终目的，如果没有教学的实施，课程建设也将寸步难行。

国内最早实现在线教学的是清华大学，清华大学开展了"清华在线网络教学平台"，之后以该平台为代表的一批网络教学平台如雨后春笋发展迅速，帮助高等学校将网络教学付诸实践，在一定程度上促进了网络教学的推广。

（三）网络教学平台与"慕课"平台

网络教学平台是应用计算机网络技术，根据不同的教学模式、不同教育对象的特点，为开展网络辅助教学提供灵活的、开放的、适合多层面、多对象及多网络环境的交互式教与学支撑平台。大多数网络教学平台允许用户将其安装在本地服务器上，用户因此有较大的使用自主权及网络教学资源版权保护权限。

网络教学平台以"课程教学"为核心，支持课程的长期滚动建设以及教学资源的积累与共享，支持教学过程的跟踪统计，可使教学过程与评价展示相结合，为教师用户提供了强大的在线备课工具和施教环境，平台具有较好的师生互动功能，在一定程度上拓宽了课程教学时空。

传统的网络教学平台与现今的各种"慕课"平台相比，有着较大的先天不足，如理念落后、技术欠缺、功能缺陷等。所以这些老旧平台要么被迫弃用，要么升级改造成"慕课"平台，以顺应在线教学的潮流，但当前大多数"慕课"平台公司一般都将用户购买的平台安装在公司自身的服务器上，所有的教学资源和师生互动等信息一律保存在公司的云平台上，在一定程度上限制了用户的使用自主权。

与传统的网络教学平台相比，"慕课"平台具有学生在线学习、在线测试、线上线下混合教学等功能，能监控在线学习行为，教学视频具有防拖曳、禁后台播放等功能，后台可自动统计学生考勤、学习进度等数据，较好地弥补了传统网络教学平台的不足。

（四）在线开放课程开发

1. 在线开放课程开发流程

在线开放课程开发一般分为八步，如图 7-5 所示。

开发过程中，最关键的是"课程教学设计"环节，耗时最长的是"教学资源开发""课程视频拍摄"与"后期制作"三个阶段。"课程教学设计"环节尽量将抽象难懂的教学内容转变为生活化、游戏化、趣味性的学习情境，最大限度地吸引互联网"原住民"学生的学习积极性和主动性。教学资源中最重要的是课件 PPT、动画、仿真系统等资源。

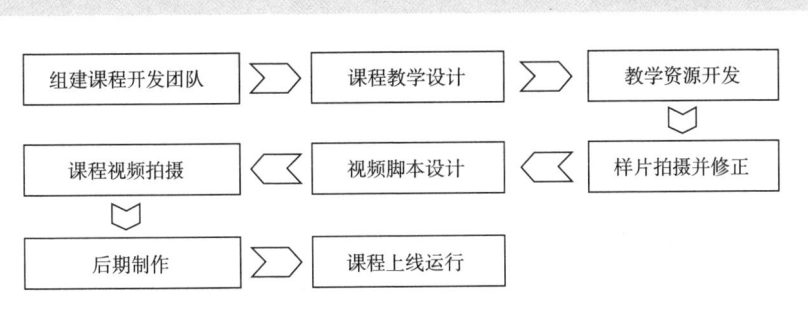

```
组建课程开发团队  →  课程教学设计   →  教学资源开发
课程视频拍摄    ←  视频脚本设计   ←  样片拍摄并修正
       ↓
后期制作      →  课程上线运行
```

图 7-5　在线开放课程开发流程

2.在线开放课程开发趋势

"慕课"课程建成后，可在每学期定期开课（面向在校学生），也可全时开放（面向社会学习者），整个学习过程包括观看视频、参与讨论、提交作业和终极考试等环节。为了控制学生的学习行为，可在课程内穿插一定数量的提问（如每三分钟弹出一两个提问），学生回答错误则无法继续观看视频，也可添加防视频拖曳、防视频界面切换等功能，以通过技术手段最大限度监控学生学习进度与学习效果。

"慕课"应用今后的一大趋势是既可完全开展线上在线教学，也可开展线上线下结合的混合式教学，还能开展"翻转课堂"教学改革；既可以用于在校生的教学，也可用于社会培训和企业员工培训。不管由于何种目的，"慕课"都需要不断更新教学资源和课程内容，要无限接近于行业企业的实际运用。教学视频将被设计成越来越多的短视频，一般在 3—8 分钟，以尽可能吸引学习者的注意力，提高学习效果。实践教学视频要高清录制，突出细节表现，学习者照着视频即可动手操作进行自我训练；理论讲解视频不再是课堂教学实录的浓缩，必须高度提炼课程内容、精心设计表现方式。

二、"互联网+"背景下高职院校的精品课程开发

"互联网+"在 2016 年 5 月入选教育部、国家语委在北京发布的《中国语言生活状况报告（2016）》十大新词和十个流行语。什么是"互联网+"？简单来说，"互联网+"是指"互联网+各个传统行业"，当然不是简单地相加，而是利用信息技术以及网络平台，使互联网与传统行业进行深度融合，从而创造新的发展生态，引领传统行业升级换代。"互联网+"的特征，如图 7-6 所示。

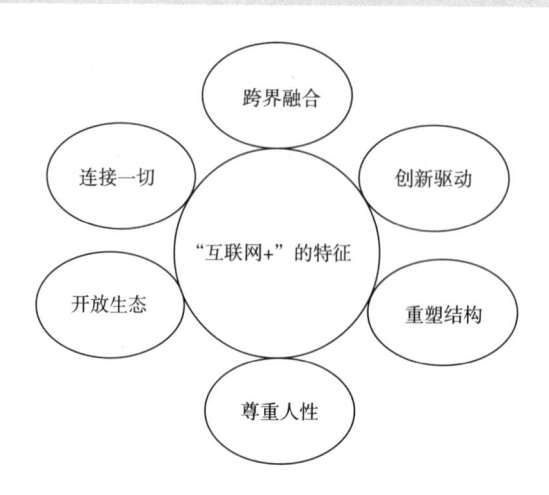

图7-6 "互联网+"六大特征

可以说,"互联网+"代表着一种新的社会形态,采用全新的理念对传统行业产生了巨大的影响,而支撑这种新形态持续健康发展的根本保证在于人才,所以教育主管部门也在积极响应,希望引导各级各类学校,尤其是高等学校主动应对,甚至对高校微观层面的课程开发都提出了具体的要求,如2015年4月,教育部印发了《关于加强高等学校在线开放课程建设应用与管理的意见》,提出到2020年要认定3000余门国家精品在线开放课程;2016年6月,教育部印发了《教育信息化"十三五"规划》的通知,明确提出要将教学改革尤其是课程改革放在信息时代背景下来设计和推进,推动高校建设一批在线课程并向社会开放。

课程开发是指通过需求分析确定课程目标后,选择并序化教学内容,并进行计划、组织、实施、评价与修订等环节,以最终达到课程目标的全过程。课程开发是教育教学改革微观层面最关键的环节,直接决定了教学改革的成败。高职院校要紧跟"互联网+"的大潮,全面考虑当前大学生的思想特点,利用互联网思维,校企双方协同开发基于互联网的课程,协同实施校企双元育人,进一步提高人才培养质量。校企协同开发的基于互联网的课程,除用于在校生的教学外,还可不受时空限制地用于企业员工、社区居民、农村富余劳动力等人群的培训,以最大限度地实现资源的共享。

(一)"互联网+"背景下高职院校课程开发的意义

经过十年来的示范校、骨干校两个国家级综合建设项目的带动,全国1300多所高职院校的整体办学水平和人才培养质量有了较大的提升,但与经济社会发展对技术技能人才的要求还有不少差距，尤其当前社会转型时期重点推进"中国制造2025""一带一路"等国家战略带来的挑战更不容小觑。

目前国内外正在使用的课程开发模式主要有五大类，OBE（outcome based education）模式、CBE（competency based education）模式、CDIO（conceive-design-implement-operate）模式、MES（modules of employable skills）模式、基于工作过程系统化模式，除此之外，还有各校探索实施的校本模式，如表7-1所示。

表7-1 主要课程开发模式

模式	特点
OBE模式（基于学习产出的教育模式）	强调学生学到了什么和是否成功远比怎样学习和什么时候学习重要
CBE模式（计算机辅助教育）	应用先进的计算机技术来改革教与学的过程，提高教学质量和效益，全面提高学生的素质，促进教育现代的发展
CDIO模式（工程教育模式）	以产品研发到产品运行的生命周期为载体，让学生以主动的、实践的、课程之间有机联系的方式学习工程
MES模式（模块式职业技能培训模式）	监控生产过程和自动修正生产中的错误并提高加工活动的效率和质量，或者向用户提供纠正错误并提高在线行为的决策支持
基于工作过程系统化模式	具有独特的课程体系的开发程序、教学内容和知识序列的重构途径、行动导向教学的设计方法、课程建设的套路和课程实施的管理办法

高等职业教育采用何种课程开发模式并无限定，各模式各有优劣，各校可根据教师、学生、办学条件、信息化水平等因素来自行选择。

我国各级各类教育尤其是职业教育一直跟在行业发展的后面。当前机器人、人工智能等新技术新业态对高职院校人才培养带来了更大的冲击，高职院校要能迎难而上化解困局，专业组成的基本单元之一课程的开发势在必行，意义重大。

1. 有利于提高学生学习效果

借鉴OBE等课程开发模式进行在线课程开发非常关注学生的体验，时刻注意以学生为中心进行课程开发，这对提高学生学习效果、提升教学质量不无裨益。

课堂上消化吸收不了的知识和技能可在课下反复学习掌握。大学生思想活跃，融入社会的意识较强，加上受物质消费等影响，很多大学生会在读书期间兼职，翘课成了很多大学生的"必修课"，因此而耽误了课程学习。

高职院校大学生的个体差异太大，再加上高考录取分数各不相同，文化基础参差不齐，要想齐步走实施教学，很难照顾到每一个学生。在线课程的开发和实施，使高职院校因材施教有了可能。

2. 有利于教师专业发展

人一旦专注于一件事就能把这件事做到极致。对于高职院校的教师来说，做好课程开发这"一亩三分地"就能成就一位优秀的教师。

名课出名师的例子在高等职业院校比比皆是，很多国家级教学名师一般都曾经主持建设过国家级精品课程就是一个很重要的佐证，继而晋升为二级教授。台阶的不断上升，促使教师更加自觉地往专业化方向发展，最终成为名副其实的专家型教师。

3. 有利于实现教学资源共享

互联网开发在线课程，极大地满足学习者的需求，借助于各大在线课程平台，实现了课程的共享。当前我国使用的再现平台主要有雨果堂（学堂在线）、超星泛雅平台、锐捷有课平台、混合式教学平台（三盟）、智慧树、智慧职教等，其特点见表7-2。

表7-2 主要在线课程平台及简介

在线教学平台	平台简介
雨果堂（学堂在线）	设有智慧教学工具——雨课堂，教师可以轻松布置翻转课堂，灵活地将线上与线下的学习方式有效整合 设有网络教学平台——学堂云，通过学堂云和雨课堂无缝对接，可以相互配合完成各种教学模式的设计与实施
超星泛雅平台	利用"一平三端"智慧教学平台开展在线教学 利用超星优质线上课程资源直接开展网络教学 提供优质的教师线上教学培训及技术支持服务
锐捷有课平台	一个平台即可解决远程直播、师生考勤互动和数据留存功能，切实保障在线学习与线下课堂教学质量实质等效

续表

在线教学平台	平台简介
混合式教学平台（三盟）	助力学校打造线上课堂，为师生提供线上备课、线上测试、线上作业、线上课堂、线上答疑功能，自主学习、线上预习
中国大学MOOC	通过外校的MOOC课程进行教学(学生自主学习) 引入外校的MOOC搭建本校的SPOC课程进行教学(教师建课，学生选课) 直播教学 通过慕课堂进行线下课堂教学
智慧树	致力推动"引入在线开放课程+校内翻转教学工具"相结合的模式实现远程开课
嘉课堂	教师可根据课时安排将课程相关的视频资源上传至平台，学习者可以根据自己的实际需求和条件，利用自己的终端设备安排学习进度和学习内容
爱课堂	"线上课程"教学 直播教学 基于直播的混合式教学
智慧职教	立足于创新资源应用模式、构建资源共享机制，探索以云服务的方式，为有需要的院校或企业开通专属在线教学云平台（职教云），在"职教云"中构建属于自己的在线教学环境，帮助教师或培训师整合平台资源和自有资源，为自己的学生和员工开设专属在线课程，开展线上线下混合教学或培训

这些课程平台摆脱了高校的束缚，使全社会范围内的大众也能共享优质课程资源，大大扩大了优质课程资源的覆盖面。

4. 有利于内部质量保证体系诊断与改进

高职院校在发展的过程中都要进行内部质量保证体系的建设，而精品课程是保证内部质量体系建设的重要工作，保证精品课程的质量，也就保证了内部质量，进而作用于人才培养及教学实践上，有利于高职院校的良性发展。

（二）"互联网+"背景下高职院校精品课程开发的要求

要充分利用互联网优势，遵循互联网传播特征开发精品课程，满足以下几个方面的要求。

1. 在线开放

在线与开放是高职院校精品课程实施的主要表征，所开设的精品课程通过慕课或者私播课的形式展现，学生通过线上+线下的混合式教学实现学习方式的升级，精品课程的这种学习方式，大大满足了自主学习的需求，学生根据时间及兴趣，灵活选择上课时间及上课内容，提高了学生的自主性。对于校企合作模式来说，提供了不少便利，学生通过移动设备与老师互动，使问题得到及时解答，提高了学习的效率。在线开放课程要实现更大限度的开放，还需要加强平台建设，加强精品课程的平台兼容性建设，适应不同平台的运行规则。

2. 学习行为可控

高职学生的学习自控力较差，在线上课时遇到较多的问题，如学习兴趣不高，播放速度太快听不懂等。针对高职学生在线上网的问题，平台应当设置学习控制功能，如学习够一定时间后给予积分奖励，开发出时间统计工具；学生在遇到难点时可以反复观看；教学中设置弹题功能，实现抽象向具象的转化，同时弹题功能还能及时检验学生的知识掌握情况，学生如果做对了弹题，可以进行下一轮的学习。对高职学生的行为可控引导，可以促进学生养成良好的学习习惯，踏实稳进，获得知识与养成能力。

3. 资源共享

资源共享将是线上精品课程的主要传播形式，精品课程可以上传到网上博物馆、数学资源库等平台，通过共享实现其价值。一般精品课程展示的时间在五到十分钟，时间较短，有助于注意力的集中。

4. 实现学评结合

完善的课程学习离不开课程评价，这是检验课程有效性的重要途径。精品课程要坚持课程学习与课程评价相结合的原则，在平台上设置评价功能，包括自评、他评功能；设置学习效果统计分析功能，及时了解学生学习的情况。

5. 实现虚拟仿真

虚拟仿真主要表现为人机对话，实现问题的解答。运用现代信息技术开发的人机对话具有很强的互动性，无论对理论性强还是实践性强的课程都有较大的帮助，加快进度，推进课程学习。平台上还可以设置类似游戏闯关的形式，每通过一级，证明知识与能力又上了新台阶，引导学生学下去。

（三）"互联网+"背景下高职院校精品课程开发的路径

高职院校的精品课程需要学校与企业的共同参与才能实现，一方面，课程面向广大学习者，需要加强学生实践能力的培养；另一方面，高职院校具备丰富的专业知识，可以完善理论部分，并且实践部分也能通过学校充分展现，这样理论与实践相结合，增强了精品课程的实效性。总之，高校实践课程的开发最终导向能力的培养，结合当代企业岗位的需求，前期充分调研，做好精品课程建设的规划，明确校方、企业方双方的课程内容，改革教学手段、教学方法，开发适应在线学习的精品课程。在"互联网+"背景下，高职院校精品课程开发的路径包括六大环节，如图7-7所示。

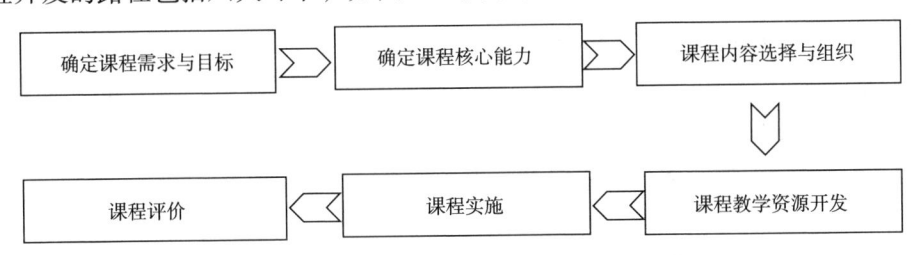

确定课程需求与目标 → 确定课程核心能力 → 课程内容选择与组织 → 课程教学资源开发 → 课程实施 → 课程评价

图7-7　高职院校精品课程开发的路径

1.确定精品课程需求与目标

开发精品课程之前，要明确需求，制定明确的教学目标，选择相应的教学内容。精品课程的相关负责人要深入企业内部，了解岗位需求，制定相应的课程内容。课程目标的制定非常重要，揭示课程开发的意义，最好制定课程量化目标，便于操作。

2.确定精品课程核心能力

课程中也要体现课程的核心能力，一般来说核心能力指专业，同时还要兼顾其他能力，如解决问题的能力、自学的能力、文献检索的能力、团队协作能力、抗压能力等，促进学生能力的提升。

3.精品课程内容选择与组织

精品课程的内容一方面要紧跟职业标准设置；另一方面，要以行动为导向组织课程内容。课程与课程之间要注意整体性，避免内容的重复。作为优质课程，精品课程注重课程本身独特性打造，针对不同的课程设置不同的内容，选择合适的教学方式，实现精品课程内容的转化。

4.精品课程教学资源开发

教学具体实施的过程中，要依靠课程教学资源来完成，一般的教学资源包括教材、音频、视频、图片、动画，从大的方面看，教学资源还包括教学的硬件支持、教学制度、师资力量等。

5. 精品课程实施

精品课程开发的落脚点在实践上,并且精品课程质量最终靠实践来验证,在课程教学中,一般采取理实一体化的行动导向教学模式,实现形象思维与抽象思维的结合。促进高职学生能力的发展。实践又反过来修正与完善精品课程的内容,使课程更具科学性、实用性。

6. 精品课程评价

基于互联网开发的线上课程,课程评价环节非常重要。一般的课程评价包括学生掌握知识的情况,也包括课程教学过程评价评价结论分别用于课程方案的修订、学生学习成绩评定及教师教学能力测评。

互联网的发展是当今时代的一大潮流,其发展有自身运行的规律及特点,高职精品课程要充分利用互联网传播及共享的优势,发展现代在线精品课程体系,进一步提升能力。为了保持精品课程的可持续性,在开发的过程中,高职院校要给予大力支持,包括提供人力、物力、制度、环境上的支持,同时精品课程还与企业合作,设置相关的精品课程,为企业培养复合型人才。高职院校还应当结合区域发展的特点,融入区域产业结构中,促进经济增长方式的转变,发展经济。只有这样,高职院校的精品课程才能真正为学生服务,为企业服务,为社会经济发展服务。

参考文献

专著

[1] 侯作亭. 高等职业教育课程改革研究 [M]. 长沙：国防科技大学出版社，2008.05.

[2] 何世松，贾颖莲，王敏军. 基于工作过程系统化的高等职业教育课程建设研究与实践 [M]. 武汉：武汉大学出版社，2017.12.

[3] 方法林，孙爱民. 基于"创新创业+"的人才培养模式研究与实践 [M]. 北京：旅游教育出版社，2017.08.

[4] 严权编. 应用型课程论 [M]. 武汉：中国地质大学出版社，2012.06.

[5] 聂志成. 教师教育与教师教育课程研究 [M]. 成都：西南交通大学出版社，2007.07.

[6] 周建松，陈正江，吴国平. 高等职业教育创新发展行动计划精解 [M]. 杭州：浙江工商大学出版社，2017.07.

[7] 石伟平. 时代特征与职业教育创新 [M]. 上海：上海教育出版社，2006.12.

[8] 周建松. 现代高等职业教育创新发展研究 [M]. 杭州：浙江大学出版社，2015.12.

[9] 薛立军，张立珊. 当代职业教育创新与实践 [M]. 北京：华夏出版社，2011.01.

[10] 洪少华，彭林珍. 高等职业教育创新教育研究 [M]. 武汉：中国地质大学出版社，2013.08.

[11] 刘晓洪，翁代云，张艳. 教育大数据视域下的智慧校园建设与应用研究[M]. 北京：冶金工业出版社，2019.12.

[12] 冯琦琳. 高等职业教育可持续发展研究[M]. 上海：复旦大学出版社，2014.06.

[13] 黄春麟. 面向可持续发展的高等职业教育课程改革行动研究[M]. 杭州：浙江大学出版社，2011.05.

[14] 方法林，孙爱民. 基于"创新创业+"的人才培养模式研究与实践[M]. 北京：旅游教育出版社，2017.08.

[15] 何伟，林昌杰. 高等职业教育教学改革探索[M]. 武汉：武汉出版社，2007.12.

[16] 翟海魂. 发达国家职业技术教育历史演进[M]. 上海：上海教育出版社，2008.12.

[17] 郭杰，朱志坚，陶红. 产教深度融合背景下广东高职教育发展创新与实践[M]. 长春：北方妇女儿童出版社，2017.12.

[18] 杨红卫，彭增华，杨军，等. 应用型院校建设探索[M]. 昆明：云南大学出版社，2015.09.

[19] 夏建国. 论应用型高等教育[M]. 上海：上海交通大学出版社，2019.

[20] 王鑫，高炳易，盛强. 高等职业教育创新创业课程系列教材 创业与创新实务[M]. 北京：北京理工大学出版社，2017.01.

[21] 梁平. 职业院校创新创业教育研究分析[M]. 天津：天津大学出版社，2020.06.

期刊论文

[1] 任剑,赵宏强,刘俊瀛.职业教育院校课程内容改革的几点思考[J].现代职业教育,2021(33):210-211.

[2] 祝信,闫娜.在线课程建设背景下职业教育课程教学改革探究[J].现代职业教育,2021(33):220-221.

[3] 马冬宝,张赛昆,崔健.教育信息化背景下课程内容构建的几点思考[J].现代职业教育,2021(32):126-127.

[4] 吴江贤.新时期职业教育助推高素质创业创新人才路径研究[J].南方农机,2021,52(14):67-68.

[5] 王静.职业教育优先:联合国教科文组织《印度2020年职业教育报告》解读[J].中国职业技术教育,2021(21):65-73.

[6] 冯逆水.教育信息化2.0背景下职业教育模式创新探讨[J].黑龙江科学,2021,12(13):41-43.

[7] 赵东,宋德军.高等职业院校落实"三教改革"的几点思考[J].湖北开放职业学院学报,2021,34(12):14-16.

[8] 张岩,李新纲,朱秋莲.产教融合视域下应用型高校"课程思政"建设的问题与策略[J].教育与职业,2021(11):77-82.

[9] 童礼荣,朱玲.加强产教深度融合,促进职业教育高质量发展[J].职业,2021(10):27-28.

[10] 刘馨,秦玉娟,刘扬.校企产教融合模式下应用型课程混合教学探索——以"数据通信技术"课程为例[J].教育教学论坛,2021(20):105 100.

[11] 唐智彬,贺艳芳.当前国际职业教育发展主题及我国的改革走向[J].河北师范大学学报(教育科学版),2021,23(3):82-92.

[12] 吕志达.高职院校创新创业教育的七个着力点[J].襄阳职业技术学院学报,2021,20(2):12-16.

[13] 张奎.职业本科"双创型"人才培养课程体系建设——以电子信息专业为例[J].河北职业教育,2021,5(2):89-94.

[14] 马欣悦,石伟平.高职扩招背景下职业教育人才培养课程体系的审视与变革[J].现代教育管理,2021(4):121-128.

[15] 鄢彩玲.新时代职业教育课程建设应积极迎接挑战[J].江苏教育,2021(29):1.

[16] 王丹.教育信息化背景下高职教育混合式教学模式的创新研究[J].辽宁工程技术大学学报(社会科学版),2021,23(2):156-160.

[17] 李雪,王树强,单忠梁.基于创新创业的职业教育课程案例分析[J].集成电路应用,2021,38(3):120-121.

[18] 约翰·菲恩,大卫·威尔逊,李卉萌,等.通过职业教育促进社会可持续性[J].世界教育信息,2021,34(3):20-26.

[19] 孟瑜方,徐涵.我国高等职业教育课程标准研究综述[J].职业教育研究,2021(2):42-46.

[20] 郑子苹,林端端.高层次技术技能人才培养课程思政建设研究——以泉州职业技术大学为例[J].黄冈职业技术学院学报,2020,22(6):33-36.

[21] 杨先林.职业教育改革新形态下高职公共课程教学改革研究[J].湖北开放职业学院学报,2020,33(24):155-156.

[22] 樊哲,张志新,钟秉林.科技创新背景下高等职业教育供给侧结构性改革的对策研究[J].中国高等教育,2020(23):57-59.

[23] 程宇.中国职业教育与经济发展互动效应研究[D].长春:吉林大学,2020.

[24] 肖立,周才文.高职院校人文素养教育课程建设研究[J].课程教育研究,2020(47):4-5.

[25] 张婧,郭俊朝,史枫.中国高等职业教育40年:思想历程、演进逻辑及未来之路[J].中国职业技术教育,2020(31):47-54.

[26] 李绍纯,耿永娟,侯东帅,等.应用型高校产教融合现状及对策研究[J].高教学刊,2020(32):77-80.

[27] 周步昆,耿颖.创新创业与专业教育有机融合的应用型人才培养模式改革与实践[J].实验室研究与探索,2020,39(10):220-223.

[28] 朱秀梅.产教融合、校企合作背景下的职业教育创新研究[J].职业教育(中旬刊),2020,19(9):74-77.

[29] 张弛,崔玲玲,孙艺铭,等.职业教育1+X课程体系的构建研究[J].邢台职业技术学院学报,2020,37(4):49-52.

[30] 李佳.我国职业教育的可持续发展研究[J].现代职业教育,2020(32):148-149.

[31] 谭强,黄胜,田应仟,等.我国现代职业教育体系研究的现状评析与未来思考[J].教育科学论坛,2020(21):8-15.

[32] 严雪晴,曹雪梅.粤港澳大湾区标准化职业教育发展的路径与对策[J].中国储运,2020(7):104-106.

[33] 刁润丽,马燕燕.建设现代职业教育体系的重要性[J].河南农业,2020(18):12-13.

[34] 廖钟源.创新创业教育融入应用型课程改革研究[J].创新与创业教育,2020,11(3):124-128.

[35] 康璐昕.日本学前儿童托育服务体系研究[D].延吉:延边大学,2020.

[36] 方嘉媛,邓志军.现代学徒制背景下的职业教育创新人才培养[J].文教资料,2020(14):100-102.

[37] 姚琳.产教融合视域下应用型院校课程建设研究[J].辽宁科技学院学报,2020,22(1):19-21.

[38] 苑礼兵.基于产教融合的嵌入式应用型课程体系构建研究[J].文化创新比较研究,2020,4(5):8-10.

[39] 杨梓樱,邓宏宝.基于产教融合的应用型高校课程改革探究[J].职教论坛,2020(1):56-62.

[40] 叶华杰.产教融合视域下高职应用型课程开发的研究[J].教育现代化,2019,6(A1):196-198.

[41] 陆燕.高等职业教育精品在线开放课程评价指标体系[J].教育观察,2019,8(32):44-46.

[42] 李微.产教融合视域下高职院校创新创业教育研究[J].吉林广播电视大学学报,2019(9):47-48.

[43] 陈森胜.应用型院校创新创业教育课程探究[J].创新创业理论研究与实践,2019,2(14):98-99.

[44] 司志敏.职业教育中的创新创业教育研究[J].六盘水师范学院学报,2018,30(6):90-94.

[45] 李上红.职业教育改革背景下精品课程的长效机制建设[J].广西教育,2018（43）:62-63,84.

[46] 庞东岸,刘效禹.以精品课程建设推动职业教育教学质量的提高[J].考试周刊,2018（93）:23.

[47] 魏明.改革开放40年我国职业教育课程改革历程审视[J].中国职业技术教育,2018（28）:15-22.

[48] 薛寒,周蕴,祁占勇.国内职业教育课程领域的研究热点及趋势分析[J].武汉交通职业学院学报,2017,19（4）:9-16,57.

[49] 李斌.高职院校精品课程优质资源共建共享存在的问题及其优化策略[J].宿州教育学院学报,2017,20（2）:89-90,102.

[50] 茹斐斐,崔烨.浅谈"互联网+"时代对职业教育的影响[A].《决策与信息》杂志社、北京大学经济管理学院."决策论坛——管理科学与经营决策学术研讨会"论文集（下）[C].《决策与信息》杂志社、北京大学经济管理学院:《科技与企业》编辑部,2016:2.

[51] 李兴洲,王丽.精品课程建设促进教师团队专业发展研究[J].职教论坛,2016（24）:33-36.

[52] 袁文武.远程教育与职业教育的融合与实践研究[J].湖北广播电视大学学报,2016,36（4）:10-13.

[53] 梁晓芳.高等职业教育国家精品课程建设与应用现状的调查研究[J].职教论坛,2016（22）:63.

[54] 吴云川.关于我国职业教育国家课程建设的思考[J].职业技术教育,2016,37（22）:20-24.

[55] 吴晓微.反思我国高职精品课程建设的问题[J].科技展望,2015,25（31）:274.

[56] 邢永超.浅论职业教育精品课程建设[J].考试周刊,2015（65）:174-175.